JN119431

自治体〈危機〉叢書

「大阪市廃止」悲劇への構図

経済・生活破綻と府集権主義の弊害

高寄　昇三

［甲南大学名誉教授］

公人の友社

目次

はしがき……………………………………………………………　　4

Ⅰ　大阪市廃止・特別区設置の制度的欠陥………………………　　7

Ⅱ　大阪市財政の虚像と実像　……………………………………　37

Ⅲ　特別区制度設計と行財政構造の劣化…………………………　57

Ⅳ　特別区再編成改革誤算の連続…………………………………　85

Ⅴ　東京・大阪特別区の比較分析………………………………　103

Ⅵ　大阪市廃止・分割マイナス効果の総括……………………　121

　　参考文献………………………………………………………　146

はしがき

　130 年の歴史を誇る大阪市が、廃止・分割の危機に瀕している。政党・日本維新が、大阪府・市の首長に就任し、党勢拡大のため大阪市廃止・分割を決行しようとしている。

　圧倒的有利な政治状況のもとで、2020 年 11 月の住民投票も、法定協議会で強引に決定され、実施の見込みで、大阪市存続派の劣勢は免れない。

　ただ前回の住民投票でも、カリスマ性のある橋下元市長がリーダで、大阪維新は政治資金 10 億円以上の広報費を投入したが、大阪市民は、大阪都構想のデメリットを認識し、僅差で勝利をした。

　ただ今回の住民投票をむかえても、気がかりなのは、政治状況がさらに悪化しただけでなく、大阪市廃止ムードだけが先行し、大阪市廃止・分割で、大阪市の経済・市民生活はどうなるか、曖昧のままである。

　大阪市廃止派は、大阪府広域行政・特別区行政のメリットを強調している。しかし、大阪市廃止で誕生する特別区は、自主財源が 3 分の 1 に激減し、十分な生活行政が、どう考えてもできるはずがない。

　にもかかわらず大阪維新は、住民投票を改革の実効性も調査せず、イメージ選挙、人気投票で勝利を目論んでいる。さらに憂慮すべきは、コロナ対策における吉村知事の人気が上昇し、大阪市廃止が世論調査で 4 分の 3 を占める情勢で、住民説明会もないまま、住民投票が実施されようとしている。

　特別区設置は 2025 年であり、議論する時間的余裕は十分にある。大阪維新は大阪市民に、公平かつ的確な改革の意義を説明する、公党としての責務がある。制度改革の住民投票は、首長選挙ではない、大阪維新の政権・吉村知事の府政が、永久につづくのではない。政党利害・経済変動・社芸

情勢を超えた制度選択で、大阪市民は制度設計のメリット・デメリットを、知らされる権利がある。

ムードだけで住民投票をし、大阪市が廃止され、権限・財源なき特別区は、大阪市民の生活を守られないであろう。水道・消防もなく、救助行政は府・特別区に分裂し、災害時の救助活動も、ままならない悲惨な状況となる。

ただ憂慮されるのは、今日でも大阪市廃止・大阪都構想は、廃止推進派のイメージがかなり浸透しており、大阪市廃止・分割の欠陥を、十分に精査し摘出されていない。

さらに大阪市廃止・分割の効果を、粉飾操作でひろげている。大阪市財政当局が、2020~2029年度財政収支977億円の赤字と推計しているが、副首都推進局は2025~2036年度の特別区財政収支977億円の黒字と推計している。財政規模が3分の1の推計で、大阪市財政にすれば約3,000億円ちかい黒字となる。大阪市を廃止し、特別区にすれば膨大な黒字がうまれる魔術のような操作である。

また特別区設置効果として、2,095億円と算出しているが、さきの財政収支黒字977億円、行財政改革効果1,560億円、特別区組織設置効果マイナス58億円、特別区制度設置効果マイナス233億円などである。しかし、行財政効果は交通局民営化効果1,285億円など、特別区設置に無関係の効果を算入している誇大効果である。

大阪市廃止分割・特別区設置効果のイメージアップを図っていくための財政指標操作であるが、杜撰な推計は大阪市市民を「誤謬の選択」へと誘導する、危険な行為である。

本書の目的は、大阪市廃止・区制統合の財政問題にしぼって、廃止派による報告書・行政データなどを分析し、その欠陥の指摘に努めた。

大阪市廃止による特別区財政が、如何に脆弱であるか、誕生の時点で虚弱体質であり、独立自治体として重い財政重圧に、耐えらない弱点を摘出していった。

さて本書では、特別区財政が如何に貧困化かを説明していくが、注意し

5

なければならないのは、特別区創設時点では、問題がなかったとしても、数年後に赤字が肥大化し、特別区の財政力ではどうにもならない、悲劇のシナリオが想定される。

　大阪市民にとって大阪市廃止は、百害あって一利なしであり、特別区財政の悪化は、市民生活にとっては苦難の序曲に過ぎない。

　本書が住民投票への、有効な判断基準の設定となれば、さいわいである。

　なお大阪市廃止・分割への住民投票の全体的問題点の解説については、拙著『大阪市廃止と生活行政の破綻』（公人の友社 2020 年 4 月）を参考にしていただきたい。今回も無理な出版を引き受けていただいた、公人の友社の武内英晴社長に心から感謝します。

　2020 年 8 月

高寄　昇三

I 大阪市廃止・特別区設置の制度的欠陥

大阪市廃止反対への政治的要因

まず最初に憂慮されるのは一般の大阪市民には、大阪都構想の幻想が浸透し、大阪市廃止・分割のメリットに、洗脳されているのではないかの不安である。大阪市廃止・分割反対派としては、まずそのデメリットを知ってもらう必要がある。

長い説明になるが、複雑な大阪市廃止・分割の弊害を理解していただくため、その要因を列挙してみよう。

第1の要素は、政治的要因である。第1に、法定協議会の運営は、廃止派が絶対多数で、大阪市廃止に有利なデータ・現状分析・将来ビジョンしか、策定されていない。

特別区設置で1.1兆円の効果といった、誇大効果が法定協議会で提唱されている。住民投票で市民判断を、仰ぐといっても有名無実で、政治的思惑での制度改革となりかねない。

第2に、特別区・広域大阪府の枠組みにみられる、「誤謬の選択」である。政策論争でなく、大阪市廃止ありきという目的のもとに、廃止派主導で決定されている。

大阪維新は、当初、"顔のみえる区制"を提唱していたが、人口70万人のマンモス4区制を、最適体制として経費削減効果をめざした。

しかし、結果は大規模区制の効果はなく、特別区設置関連コストだけで、300億円の経費膨張で、その後始末に苦慮している。要するに改革設計は杜撰で、大阪維新の政策能力の劣化は否定できない。

第3に、大阪維新は、大阪都構想で特別区は行政区から、自治体に格上げし、中核市以上のステイタスの高い、自治体に改革するというビジョンであった。だが大阪維新は、政府と交渉して、誕生する特別区については、中核市化・交付税個別方式・固定資産税区税化などの、特別区強化の政治努力はしなかった。

要するに大阪市廃止で、大阪府の利権が強化されればよかった。そのた

め富裕団体の東京都特別区制を、模倣しただけの制度設計で、大阪特別区にあてはめてしまった。しかし、このような対応は、市民に対する公約違反でもある。

第4に、設置される特別区の行財政能力は、指定都市でなく、多くの分野で大阪府の許認可が必要で、行政力学からみて交渉力は、ガタ落ちである。さらに生活・経済圏が、分割されたため、政府に陳情しても、大阪府経由でと、門前払であしらわれるだけではないか。

大阪市廃止の後遺症は、あらゆる分野におよび、大阪特別区は日常行政はともかく、大きな問題に直面したとき、分割特別区の非力に、悲哀をかこつのではないか。ことに災害時の救助は、動員できる職員数も権限・財源も少なく、市民救助は難航する。

第5に、大阪都構想は、当初、二重行政廃止・行政区統合の効果を強調していたが、大阪市存続派の調査によって、虚構の構想化しつつある。ただ近年、大阪維新は、大阪府市一元化の成果を強調し、新型コロナウイルス抑制も、大阪府市一元化効果と力説している。

しかし、吉村知事自身の情報発信力を、マスコミが連日とりあげ、行政実績の虚像を演出してしまったともいえる。

しかし、コロナウイルス防止行政の府政成果も、大阪市あっての成果で、大阪市を廃止すれば、広域大阪府とて足元がゆらぎ、何もできない自己矛盾の構想と、化していくであろう。

大阪市廃止反対の行政的要因

第2の要素は、行政的要因である。元来、自治体は経済・生活圏の一体性に対応して、歴史的に形成されてきた。今日の大阪市市域は、戦前、関市長が大正14（1925）年に、周辺町村を合併して以来のままである。

この狭い市域をさらに分割し、大阪市まで廃止してしまっては、常識的にみて、行政実施能力が高まるはずがない。一方、大阪府は広域行政の美名のもとに、水道・消防・港湾・大学・観光・研究機関という、比較的オ

ーソドックスな行政だけを、なんらの犠牲を払うこともなく獲得しようとしている。

しかし、広域行政そのものが、狭い府域で実効性がなく、大阪市の事業・権限・財源の収奪だけという結果となる。要するに広域行政は口実で、大阪市の事業・権限・財源の、大阪府による剥奪が目的で、広域行政の実益はなく、本音は府県集権主義の強化である。

第1に、特別区の致命的欠陥は、旧大阪市を分割した分割団体である。大阪市民は大阪市なみの行政を要求するが、法定協議会の設計では、特別区の行財政システムは劣悪で、特別区の前途は多難である。

しかも法定協議会で示された財政シミュレーションは、楽観的予測ばかりである。特別区設置効果を、2025〜2036年度の11年間で2,095億円（**表17**参照）と算出しているが、交通事業民営効果1,285億円など、特別区設置とは無関係の効果を算入した粉飾効果で、実際は約291億円の経費増加である。

一方、特別区への大阪府の締め付けは強くなるが、このような大阪府・特別区の行政力学の落差には言及していない。

第2に、特別区とは何か、真剣に検証されていない。東京都制自体が、戦前の戦時体制下の官治的制度の遺物で、大都市行政を担うには、変則的畸形的形態である。

その下部組織として特別区制も、制度的には独立性の弱い擬似自治体で、欠陥システムである。この特別区制をそのままで、大阪特別区を創設すれば、東京都特別区より、はるかに悲惨な状況になる。

それは東京都・特別区とも、交付税不交付団体の富裕自治体であるが、大阪府・大阪市とも交付税交付団体の貧困団体で、大阪市廃止という大変革という切開手術に、特別区財政力が耐えられないのではないか。

第3に、大阪都構想の改革シナリオは、二重行政解消で年4,000億円、区統合で年1.141億円の思惑であった。これらの改革効果で、大阪市民の生活向上を、図っていく図式であったが雲散霧消してしまった。

しかし、法定協議会できめられた、特別区制の致命的欠陥は、政令指定都市大阪市の廃止が、予想以上に大きな打撃となっている。

　行政設計をみても、人為的に4区に分裂され、その事務事業・権限・財源も、大阪府・特別に分割され、四分五裂の状況で、しかも東京都特別区より、事務配分が1.6倍で、財政力が7・8割で、行政サービスの水準低下は免れない。

　第4に、特別区の運営実態については、大阪府・特別区協議会で決定すると、府・特別区の協調路線讃美ばかりである。行政区統合によって誕生する特別区は、東京特別区より一体性がなく、自治性も乏しい。

　大阪府との行政力学格差、分割特別区制の欠陥は、区長の努力ではどうにもならない制度的欠陥で、特別区制を住民投票で否決するしか、大阪市民の選択肢はない。

　第5に、特別区は大都市行政を担うには、港湾はともかく、水道・消防・文化施設・行政研究機関など、おおくが大阪府移管では、総合的区政はできない。

　人口70万人の巨大自治体にかかわらず、保健所・児童相談所はあるが、研究機関もなく、水道・消防もない自治体では、大都市の高次の行政が実施できない。

　特別区で基礎的サービスは、充実すると宣伝されているが、特別区は事務配分で半身不随となり、財源配分でも体力が半減し、片肺飛行を余儀なくされるであろう。

大阪市廃止反対の財政的要因

　第3の要素は、財政的要因である。端的な症状は、特別区自主財源が一般財源で大阪市の3分の1になり、財政運営の独立性の激減は確実である。

　第1に、法定協議会への提出資料をみても、特別区設置後の「特別区財政シミュレーション」（**表17**参照）では、2025~2036年度で約826億円の累積黒字と算出されている。

　さらに合区による 10 年間の効果 1 兆 1,100 億円の研究成果まで算出されているが、いずれも科学的根拠のない意図的に加工された数値が、独りあるきしている。

　特別区財政は、常識的にみても、そのような楽観的予測はできないはずで、現に法定協議会の 4 特別区案は、旧大阪市庁舎に 1 つの区役所と、3 つの区役所の分庁舎が同居する苦肉の措置がとられている。実際は特別区財政の前途は、かなりきびしい窮状を示唆する事実である。

　第 2 に、財政設計でも、地方交付税における、特異な特別区合算方式適用である。特別区は独立自治体とされたが、交付税にあっては府区合算で、旧大阪市単位で一体として、処理する方式である。

　東京都制の悪しきシステムが、そのまま適用され、個別方式では 2,300 億円の交付税が、合算方式では旧大阪市分の 300 億円しかなく、1,900 億円の損失である。

　第 3 に、さらに追い打ちをかけた制裁が、特別区税の主要税目は個人市民税のみで、財政調整・目的税交付金の財源は、市税主要税目の固定資産税・法人市民税・都市計画税・事業所税などで、大阪市税でなく大阪府税となる理不尽なシステムと化している。

　過疎地の農村でも、自主財源が如何に低くとも、村税が財政調整税目として、府県税化されることはない。

　大阪市税の 3 分の 2 は、調整財源として大阪府税になり、これでは財政運営にあって下手をすれば、大阪府のさじ加減に左右され、実質的に独立性が脅かされる、町村以下の擬似自治体でしかない。

　第 4 に、大阪市廃止・特別区設置は、いわば大阪府・大阪維新という破産管理人が赤字団体でもない大阪市を無理やり解体するに等しい。歴史を誇る大阪市・市民が、この屈辱を耐えなければないのは、政党勢力落差の結果としても、あまりにも残酷な事実である。

　しかも事務配分は、大阪市財産の無償譲渡であり、大阪府は債権・債務差引で、2.5 兆円の財産増加となっている。

大阪府は机上演習的には、大阪市廃止で大阪市民財産をかすめ取ったに等しい。市民感覚としては、大阪市の財産・資金は、普通財産だけでなく、行政資産も、有償譲渡が当然といえる。

心ある市民は、市民連合を結成し、大阪市財産を死守しなければならない。極論すれば地方自治とは、地域利益の擁護である。特別区・大阪府をめぐる、権限・事業・債権債務の配分にあって、大阪市民は「権利のための闘争」として、住民投票に勝つしかない。

大阪市廃止派の粉飾的制度設計

つぎに、大阪市廃止の理由をみてみる。大阪市廃止をめぐる最大の課題は、特別区がどうなるかである。

特別区の編成（特別区割・特別区数など）、行政（権限・事務事業配分など）、財政（特別区税・財政調整交付金など）など、特別区制の骨格は、大阪府・市の首長・議員から構成される、大都市制度（特別区設置）協議会（以下、法定協議会）で、特別区行財政の実態・将来像もすでに決定されている。

しかし、法定協議会は、大阪市廃止派が絶対多数で、行政当局の分析も鵜呑できない。大阪市廃止・分割の背景・利害をふまえて、分析・評価しなければ、単なる行政当局の財政操作に、幻惑されるだけとなりかねない。

特別区の体制・事業・権限のいずれをみても、最後は財政問題である。事業配分が多く、権限が小さくても、財源さえ潤沢であれば、解決策はある。すなわち特別区制の死活課題はすべてが、財源配分に収斂される。

しかし、大阪市財政局の大阪市将来推計（**表4**参照）は、977億円の累積赤字であるが、大阪市副首都推進局の特別区財政収支（**表17**参照）は、826億円黒字となっている。

どうみても黒字算出のため、意図的な圧縮財政を策定したとしか思えない。要するに大阪市廃止・分割を画策する、首長の意向を忖度した推計と謗られても、弁明の余地はないのではないか。

大阪市廃止派の主張は、そのほとんどが政策的根拠（evidence）のない、

杜撰な数値分析であるが、その論点をみてみよう。第１の課題として、大阪市廃止・分割派の主張は、大阪市廃止のメリットばかりが強調されるが、大阪市消滅の打撃・特別区制度の欠陥について、無視したままである。

　そのため大阪市民の特別区財政への関心も薄いが、「大阪市がなくなり、特別区に格下げされ、自主財源は大阪市の３分の１になる。

　結局、財政は苦しくなり、区税とか保険料・介護料金があがる」恐れがある事実を知れば、大阪市民にとって生活危機で、呑気なことをいっていられず、大阪市廃止・分割の危機を、真剣に考えざるをえないであろう。

　大阪維新の政治性格について、大衆扇動型の「ポピュリズム」でないとの、政党動向分析もあるが、大阪都構想のような実現不可能なスローガン、大幅黒字の粉飾的改革効果で意図的に宣伝し、市民を誤った改革に誘導する戦術は、まさにポピュリズムである。

　今日、大阪維新は、二重行政年4,000億円という改革ビジョンは放棄して、大学統合といったビッグプロジェクトへ変貌させているが、公約違反の行動も、意に介さない無節操ぶりである。

エビデンスなき大阪市廃止・分割

　大阪維新の大阪都構想の虚構を、改革の背景・主張をみながら反論してみる。第１の論点は、大阪市廃止の動機である。第１に、大阪経済の長期低迷脱皮のためには、大阪府・市を合体し、権限・財源を集中し、経済開発の積極的推進にあった。

　しかし、大阪経済の低迷は、首都でないため全国的集積メカニズムが稼働しないためで、地方制度をいじくっても、どうにもならない構造的要因であることは、わかっていない。

　当時の橋下徹府知事は、行政改革に取り組み、水道事業の統合とか、公共投資の府市共同事業化などをめざしたが、大阪市の反対にあい挫折した。そのため大阪市廃止へと、改革のターゲットを絞り、大阪市改革へと軌道修正していった。

しかし、大阪市を廃止したから、大阪経済が復興する、科学的根拠（エビデンス）はない。むしろ高度成長期のビッグプロジェクト暴走による、悪夢再現となりかねない。

第2に、大阪市廃止・分割の表面的理由は、広域行政一元化・区行政の拡充をあげているが、その底流は府県集権主義の巻き返しである。政令指定都市・中核市・特例市など、戦後改革の都市自治尊重の理念で、府県の都市支配力は弱体化していった。

この状況を打開する方策は、中央政府から権限・財源を獲得し、府県政の新領域を開拓する選択でなければならない。

橋下元知事も当初は、政府直轄事業負担金を「ぼったくりバー」と酷評し、反中央への抵抗をしめしていたが、いつの間にか大阪市廃止をめざす、内向きの改革へと変質していった。しかし、都市自治体が、権限・財源の剥奪で弱体化すれば、府県の足腰も衰え、府県行政も活気を喪失するのではないか。

しかも制度的みても、府県権限の拡大は、地方分権に逆行する改革で、「大阪市を解体して、その権限を広域自治体が奪うことは、地域主権から基礎自治体中心とされる考え方からは矛盾します」[1]と、地方分権に反する改正と批判されている。

大阪市を解体すれば、大阪府の市町村支配力は強大となるが、「多くの都市が合併で権限をもつ政令市の仲間入りをしている中で、わざわざ政令市を放棄してまで5つの特別区にする意味」[2]は、理解しがたい府県エゴイズムと非難されている。

要するに府認可権拡大による、二重行政・区監督行政など、無用の府行政コスト増加となり、さらに広域行政を意識しすぎて、過大開発事業へとのめり込む危険すらはらむ改革である。

しかし、そのような弊害を、意に介することなく、ひたすら府県集権主義を追及する、特定政党の露骨な勢力膨張の戦略が優先していった。

第3に、大阪府・市行政の一元化は、それなりの理由はあった。大阪市

が府域の中心にあり、府政がやりずらい点があった。さらに大阪市が政令指定都市で、府政の円滑な実施ができない、もどかしさがあった。

　しかし、大阪市廃止で府行政の一元化ができたとしても、二重行政解消とか、大阪経済の復権が実現する保証はない。大阪府市一元化は、大阪府サイドの行政独善性の願望に過ぎない。[3]

　大阪府にとって2006年、堺市が指定都市になったのは衝撃であった。当時の橋下知事は、政治的に堺市を傘下におさめるため、新人の竹山氏を応援し、14日間の選挙期間中に、9日も堺市にはいり、現職市長を政党野合の傀儡政権として攻撃し、勝利する。

　橋下知事はその余勢をかって、政党大阪維新を立ち上げ、本命である大阪市解体を目指す、その方策が大阪都構想であった。[4]

　『中之島一家』をつぶすという、大阪市腐敗構造淘汰をめざし、大阪市長に就任し、強権的市政を展開し、大阪市政の去勢化に成功する。

　大阪維新の大阪市財政の減量経営という施策も、その一環としての対応であり、大阪維新の主義・主張にそぐわない、多くの文化施設が廃止されていった。

　このような大阪維新の一連の動きをみると、府集権主義を背景にして、大阪維新の政治勢力過大をめざした。既存政治勢力がマンネリ化して、特定の改革目標を設定できなかったが、大阪維新は、減量経営ことに自治体利権体質淘汰、その一環として減量経営であり、大阪市に対しては大阪市廃止・分割をかかげて、市民にアピールしていった。

　しかし、自治体改革として画期的改革ビジョンはなく、政策的な実績もあがっていない。むしろ政治勢力拡大をめざす制度改悪の弊害がみられる。大阪市廃止・分割の弊害については、広域行政・行政区の創設といった、魅惑的スローガンで誤魔化しているだけである。大阪市廃止・分割の被害・損失について、正面切っての政策論争は回避し、廃止・分割の効果の吹聴に腐心している。

　これらの背景には府県の戦後改革における、市町村への支配力低下があ

ったが、それは都道府県の、被害妄想ではないか。新型コロナウ対策をみても、総理大臣より脚光をあびているのは知事で、ボードをかかげて市民によびかけ、マスコミが追いかけている。保健所の現場で悪戦苦闘している、都市自治体は報われないのは、行政システムから仕方がない。むしろ知事の行政実施能力が問題である。

府県集権主義による大阪市廃止

　第2の論点は、大阪市廃止、特別区設置、府広域行政の効果は、観念的成果物で実効性はない。広域行政にしても、大阪市廃止が眼目で、特別区設置は残務整理に等しい産物であった。したがって大阪府が自己利益を犠牲にした、特別区への配慮は、まず期待できない。

　第1に、大阪維新の大阪都構想なるものは、広域行政・府市一元化という、改革をめざすという名目であった。しかし、穿った見方をすれば、特別区設置は、大阪市廃止を粉飾する施策に過ぎないが、そのため失われる市民の損失は、計り知れない。

　そもそも大阪市廃止の根拠が薄弱で、大阪維新は、「大き過ぎる大阪市」「小さ過ぎる大阪府」といっているが、問題は大阪府域が狭ま過ぎるのである。大阪市を廃止しても狭いことには違いない。問題があるならば府県合併をすべきで、大阪市廃止は筋違いである。

　神奈川県をみると、横浜・川崎・相模原市と指定都市が3つもあり、県行政の空洞化がすすんでいる。京都府をみると、京都市の比重が大きく、府行政の主導性は京都市を無視しては、実益がともなわない苦境にある。

　しかし、神奈川県・京都府をはじめ、指定都市のある府県で、指定都市廃止・分割の動きはなく、あくまでも協調路線である。

　厄介な大都市行政を指定都市が、所管してくれるので、府県行政は本来の行政に専念できる、ありがたいシステムである。現実をみると、広域行政でも府県・指定都市連携方式で、十分に対応できている。しかも広域行政の実効性は小さい。

　第2に、大阪市廃止派は、広域行政を促進し、経済を活性化させ、特別区で地域行政を再生させると、メリットを強調しているが、改革の具体的実証はない。

　あとにみるように港湾・水道・消防をみても、大阪市の事業をそのまま引きつぐだけである。具体的事業は府立・市立大学の統合だけで、すでに大規模である大学を、巨費をもって全国3番めの公立大学にしても、どれほどの効果があるのか疑わしい。

　第3に、大阪市廃止・分割による、行財政効果が宣伝されているが、二重行政・広域行政などの実績はなく、想定されるプロジェクトも、万博・ＩＲなどイベントの類でしかない。

　経済効果は一過性であり、大阪府で運営でき、広域行政ではない。広域行政といっても、蜃気楼のような施策で、実効性はない。

　この広域行政のため、大阪市廃止・分割が実施されようとしているが、特別区は経済・生活圏の一体性・指定都市による府県集権支配の防御装置といった、現実のメリット喪失となる。

　公選区長制の政治的メリットのみが、強調されるが、なんのことはない大阪市長公選の代償であり、その結果として弱体特別区の誕生である。

　財政力が貧困では、満足な生活行政もできない。しかも行政的にみても、公選区長といっても、大阪市長と行政区長の2役をこなさなけならないが、区長には無理な話である。

　第4に、これまでは大阪市の専門・調整機能と、各区の現地総合性・地域密着性が融合したサービスシステムであった。しかし、4特別区に分割されると、専門性はなく、各区の調整機能欠落で、これら機能の補完を大阪府に、代替を求めることはできない。

　特別区が誕生し、実際に行政をするとなると、分割による施策選択ミス・実施コスト増加・分割経営形態のロスなどが顕在化するが、具体的算定は不可能で、ネグレクトされたままである。

　このように大阪市廃止・分割は、何のメリットもないが、改革を断行し

ようとするのは、大阪維新の勢力拡張の手段でしかない。その背景には府県集権主義をめざす、大阪府の野望があった。[5]

　大阪府サイドからは、広域行政の遂行・市町村支配の浸透にあって、何かと邪魔になる政令都市を抹殺し、大阪府政の復権を達成したいという権力欲がうかがわれる。

　邪推すればこの改革に便乗して、大阪市の権限・財源だでなく、大阪市の資産も収奪していく打算が、秘められているかもしれない。

大阪市廃止・分割効果はマイナス

　第2の課題として、大阪市廃止になぜ反対するのか。大阪府と特別区との関係をみると、橋下元知事は、大阪行政区長は、権限・財源もなく、満足な行政もできない、惨め状況にあると嘆き、公選区長による区の大阪市からの、独立性を主張していた。

　この論法は、ある施策の全体像を評価するのでなく、その一部をとらえて、メリットを強調し、デメリットを無視する詐術にみちた戦略である。戦後の大阪府の広域行政が順調にいかず、失敗したのも大阪市が邪魔をしたからと、濡れ衣を着せている、責任転嫁も同じ発想である。

　さらに大阪市廃止・分割の「究極は住民サービスの拡充」である。そのため経済振興策にくわえて、「驚天動地の行政改革が必要となります。従来のような個々の施設を対象にするような行政改革でなく、府庁、市役所という組織ごと抜本的に二重行政の無駄を省く取り組みです」[6]と、改革の効果を強調していた。しかし、改革されるの大阪市のみで、大阪府は改革太りである。

　しかも現実の特別区は、改革効果はほとんどなく、きわめて過酷な現実問題に直面し、苦難の行政を余儀なくされる。大阪維新は、大阪市が基礎的自治体として大きすぎる。「住民の顔をみながら仕事ができるかといったら、これは絶対無理です」と批判している。

　しかし、市民の顔をみて行政をする規模となると、人口1万人規模であ

る。大阪都構想の区は人口70万人で、大阪維新は市民に訴えいるスローガンと、現実の行政での施策選択とは全く逆である。

　大阪維新は、特別区を市民サービスをベースとする、行政団体とするより、行政的コスト削減のため、大規模特別区としていった。24区制の区政のほうが、はるかに市民サービスはすぐれている。

　市民のもっとも関心の深い行政サービスについて、「住民サービスの総量は、現在の大阪府・大阪市体制と大阪都・特別自治区体制で違いはありません。ですから必要な財源総量も変わりません。住民サービスの主体・財源の再配分の問題なのです」[7]と、解決ずみとみなしていた。

　問題はまさに配分の問題で、特別区の自主財源は、一般財源ベースで、大阪市の3分の1以下となり、大阪市税の5分の1が、広域行政を担う府へ移譲される。残余の2分の1は府税となり、特別区・府の財政調整財源となる。

　しかも大阪市民にとって、生活行政を担う特別区財政の財源が弱体化し、しかも大阪府が大阪市以外に散布しても、交付金であるので、特別区は文句もいえないシステムとなっている。

　さらに大阪市廃止で特別区の、一般会計ベースでも、自主財源は大阪市の3分の1となり、重要権限は大阪府の権限となり、特別区の自主性は激減となる。制度的に特別区は、行政区から自治区となったが、実質的は特別地方公共団体で、完全自治体ではない。

　極論すれば大阪府の内部団体・下部組織といった、傀儡機関になりかねない。大阪府OBが区長にえらばれ、大阪府の代執行者となる事態も、想定しなければならない。

権限・財源なき公選区長の苦悩

　誕生する特別区を、冷静にみつめてみると、従来は行政区として、権限・財源なき区政であった。そのため橋下元知事は、自治区への改革を主張した。それには大阪市廃止・分割が必須条件として改革を断行しようとした。

しかし、自治区となった特別区の実態は、行政区よりさらに権限・財源なき、区政へと転落することになる。

第1に、重要な点は公選区長制は、行政区長制よりすぐれた制度でない。それは大阪市制・大阪市長廃止の代替物で、基礎自治体としての特別区・大阪市の比較では、特別区は地域行政の密着性ではすぐれていても、トータルの都市行政として、権限・財源だけでなく、政令指定都市と特別区という不完全自治区とでは見劣りがする。

大阪市廃止で、大阪市の事業・権限・財源の大阪府への移管で、特別区は、総合行政を実施するには、事業・権限・財源が少なく、満足な行政サービスはできない。要するに制度的欠陥を、内蔵する自治体になる。

特別区長は、従来の市長と区長の両方の役割を担うが、市民からみれば、大阪市・区のトータルとしての行政サービスと、特別区単独の行政サービスを比較するとき、特別区のサービスは、市・区連携のサービスより劣ることは、制度的にみても、実際を想定しても歴然としている。

たとえば水道・消防サービスで、特別区へ陳情しても、大阪府の事務として門前払いにあう、区会議員にしても府会議員へ特別区問題を懇願する、屈辱をなめる事態になる。

市民にしても特別区で問題が片づかず、府庁までいかなければならない厄介な事態となる。これでは特別区への信頼も、崩壊しかねない。

第2に、4区制の矛盾である。特別区行政コスト削減をめざして、4区制にしたが、規模は政令指定都市なみであるが、分割区では総合行政はできない。

生活行政のため、サービスセンターを多く設置しなければならず、規模の利益はない。要するに特別区は、総合行政も住民サービスもできない、中途半端な大規模区となってしまった。

しかも行政執行システムは、一部事務組合がおおく、行政効率はきわめて悪く、4区長の意思統一も厄介である。民営化された、地下鉄経営監督は一応、特別区となったが、経営方針がきめられるのか不安がある。

　第3に、擬似都制広域大阪府制の都市経営能力も不安である。東京都政をみると、「現在の都庁は、『府県行政』と『市の行政』の2つの機能をもった巨大な行政組織となっている」[(8)]が、その機能不全は重症であると、憂慮されている。[(9)]

　この巨大化した組織をスリム化するには、「都庁が県レベルの自治体として、自己の権限及び責任を明確にするには、都区制度を廃止することが有効な手段の一つである」[(10)]と、改革が迫られている。

　しかし、実現の見込みはないとなると、東京都制は「わが国の地方制度の歴史上、失敗の一つの象徴」[(11)]との欠陥システムをひきずって、存続しつづけることになる。大阪都構想は、この欠陥を模倣し、広域大阪府を形成しようとしているが、この東京都制の再現となる。

政令都市大阪市廃止のデメリット

　政令都市・大阪市廃止のデメリットについて、大阪市廃止派はあまり関心がない振りを装っているが、想像以上に被害は深刻である。

　第1に、大阪市を廃止すれば、区政の相互調整と専門性補完を実施する絶妙なシステムが崩壊してしまう。それだけでなく政令指定都市の制度的メリットの喪失となる。

　制度的にみて、東京からも「なぜ『県』ナミの大阪（政令）市が都区制度に移行して、みずから『市』以下の特別区に解体・縮少するのかと、東京の市民たちは不思議にみている」[(12)]といわれている。

　しかも大阪市が、政令指定都市として保有していた、地方譲与税・宝くじ収益金など200億円ちかい財源が、大阪府の自己財源となる。さらに大阪市の財産2.5兆円までも、無償で提供してまで、へりくだって特別区になりさがるのかである。

　たとえば職員採用でも、大阪市と特別区では常識的にみても、特別区の不利は免れない。特別区が誕生しても、都市自治体として、自負心と自治意識をどう涵養していくか、厄介な宿題となる。

制度からくる行政メカニズムで、「23区は都に対して、今日も基礎自治体＝市としての自立ができていない・・・・・市以下の都の《内部団体》、つまり実態は旧東京市の〈出張所〉にちかい」[13]と嘆かれている。　東京特別区の歴史は、自治権回復の歴史であったが、完全自治体への道のりは、道半ばである。大阪特別区の自治性回復は、ゼロからのスタートとなる。

　第2に、大阪市がもっていた、総合行政の喪失となる。大阪市廃止・分割で、かえって行財政機能は低下する。

　事務事業の配分は、制度が先行し、実態にそぐわない変更となり、やたらと一部事務組合が乱立される。また大阪市が存続すれば無用の措置といえる、府・特別区協議が必要となり、紛糾は頻発する。

　橋下元知事は、大阪市の行政区に対する強固な市の区統制権の弊害、区行政の形骸化・空洞化を痛烈非難していた。[14]

　しかし、大阪市廃止・分割になれば、特別区は大阪府の枠組みのもとで、大阪市より格段にきびしい、大阪府の支配下に組み込まれる、特別区の自治は、苦難に見舞われることは必至である。

　大阪市政下の区政は、何がおこっても、最終的には大阪市の責任として、本庁が対応をしてくれる、運命共同体として安心感がある。大阪府では災害時に、どれだけ支援してくれるかわからない、不安な状況となる。

　たとえば災害時動員できる人数・機能で、大阪府の特別区は、市税・建築・消防・土木などの職員が、大阪府職員とか一部組合職員などとなり、公選区長であっても、動員職員数は少ない。

　ことに固定資産税課職員も、大阪府移管となり、災害復興支援の致命的弱点となる。建築関係職員も一部が府職員で被災査定に従事できず、他都市の応援職員依存体制となる。

　第3に、大阪府は、巨大な権限・財源をもった監督官庁になるが、大阪府にとって特別区は所詮は、その他市町村とおなじで、大阪市のように運命共同体として、特別区をまもる責任もなくなる。

　しかも大阪市憎しの歴史的怨念が、そう簡単に払拭されるものでなく、

特別区への警戒心は根強いであろう。

さらに公選区長となっても、権限・財源なき区長では、なにもできなく、大阪府へすがる羽目になるが、大阪府にとって好都合なことは、大阪市という単独の自治体でなく、複数の特別区であるので、分割して統治する支配の原則が使えるが、調整対象は複数で難航する。

特別区の完全自治体化は、きわめて困難である。「東京都が、それを認めようとしません。『特別区』が『市』に『格上げ』になることを認めれば、東京都は、再び、今もっている財源と権限の一部を『特別区』に譲り渡さないといけない」[15]からである。大阪府として利権擁護の意識が働くが、もはや大阪府を脅かす、大阪市は存在しない。

第４に、大阪府・特別区は、権限・財源をめぐって対立するが、政治・行政的にみて、特別区の劣勢は歴然としている。この欠陥を治癒する機能として、大阪府議会が浮上してくるが、残念ながら府議会における、特別区の代表者は３割しかいない。

戦前の地方制度にあった、府財政を連帯・市部・郡部経済にわけて、大阪市の利益が、不当に府・郡部から侵害されない、制度的防禦システムとしての三部経済制もない。[16]

特別区設置後、毎年、繰り返されるであろう、財政調整の配分比率は、府・特別区協議会の決定となるが、特別区の主張は、ほとんど認められないのではないか。

特別区制の骨格・事務事業配分・財政調整など、基本的事項をみても、特別区の前途は暗澹たるものである。しかも住民投票で大阪市廃止がきまっても、特別区を擁護する政治・行政勢力は、法定協議会にあっても少数派である。悲運の特別区という状況からの脱却は不可能である。

特別区制の正体は不完全自治体である

第３の課題として、特別区はどのような自治体なのか、行政的視点からみてみる。第１に、大阪市廃止・特別区創設は、市町村合併とは全く異質

の自治体統廃合で、類似のケースは、戦前、昭和 18（1943）年の東京市廃止・東京都創設しかない。

　しかも戦時体制下の戦時行政遂行のため、首都防衛という特殊要素もあり、戦争のどさくさ紛れに、官治的都制を強引に成立させた。

　しかし、大阪市廃止は、東京都制定のように政治・社会的必然性はまったくなく、特定政党の政策綱領実現という、政治勢力拡張の理由だけである。

　しかも東京特別区と大阪特別区は事情が異なり、東京都特別区の事例を、そのまま適用するべきでない、戦前の制度であり欠陥が多いだけでなく、財政も富裕団体相互の財源配分である。

　大阪特別区に適用するには、あとにみるように財政調整における、合算方式の廃止・是正などの、改革が前提条件で、それが不可能であれば、実施すべきでない。実際、大阪特別区は東京特別区より、事務事業配分は多いが、財源補填が必ずしも十分でない。

　第 1 に、大阪の区制は、4 区制となった。大阪市は現在 24 区制であるので 6 区を 1 区の平均 67 万人とする大規模統合である。

　当初、行政区でなく自治区として、"顔の見える特別区"を標榜していたが、人口 60 万人の中核市を上回った規模である。むしろ指定都市でも静岡・相模原・浜松・岡山・熊本市は人口 70 万人で、指定都市に匹敵する大自治体である。

　当初、20・10 区制とかが検討されたが、合区効果があがらないので、7 区・5 区制が浮上したが、各区の財政力格差が縮小しないので、最終的には 4 区制となった。

　東京都は 23 区制で、区平均人口 40 万人であるが、人口規模は千代田区 6 万人、世田谷区 90 万人と地域の事情にあわせてさまざまである。

　しかし、大阪特別区は、規模の利益という、誤った合理性・効率性を信奉した、人口 70 万人の大区制という「誤謬の選択」となった。改革案全般にみられる、短絡的減量主義適用の産物である。

　第2に、大阪維新の大阪都構想は、行政区から自治体へといった利点の
みが、クローズアップされたが、大阪市廃止という重大なデメリットを無
視してきた。しかも権限・財源をみると、市長と区長では雲泥の差がある。
大阪府は、大阪市廃止で都市整備事業の吸収だけでなく、財政調整で大阪
市財源も獲得した。府としてこれほど妙味のある改革はない。

　一方、新設の特別区は、その分だけ貧乏くじをひかされる。公選区長と
いっても、実質的には広域大阪府の統制はきびしく、分割された特別区で
は、区相互の利害対立もあり、大阪市長より外部行財政環境は悪い。

　第3に、問題は見過ごされているが、市長公選がなくなるということは、
特別区の庇護者であるる政令指定都市の大阪市がなくなることで、 特別
区は、何かと大阪府の許認可が必要となる。利害が対立しても、対大阪府
との交渉力は、行政力学からみて脆弱である。

　財政調整などの決定権が大阪府にあるので、特別区がどこまで、自己主
張をつらぬけるか疑問である。府の特別区への財源転嫁が、容易になるの
は事実である。

　権限・財源は貧弱で、特別区独自の財政調整システムで、府知事に特別
区長の死命を握られており、しかも重要事業は大阪府移管となり、特別区
の実質的行財政力は、完全に去勢化されている。

　第4に、東京特別区は、東京市と東京府が合体しただけで、東京市の事
業・財源を東京都と特別区が配分したのでない。むしろ戦後、東京特別区
は東京都から、行政実態に対応した、権限・財源の移譲を求めて、今日の
特別区を形成していった。

　しかし、大阪特別区は指定都市大阪市を、大阪府・特別区で分割・配分
するのであり、東京特別区より深刻な問題が潜んでいる。

　本来、大阪特別区としては、分割され4区となったが、大阪市をそのま
ま、そっくり承継したいが、大阪府が割り込んできたので、重要事業・重
要財源を吸い上げていくといった感が禁じえない。

　しかし、特別区設計の主導権は、大阪府が掌握しており、特別区の利害

を代弁する大阪市廃止反対派は少数勢力である。そのため制度の欠陥が、特別区誕生後、噴出し、特別区政の大阪府との紛糾が頻発するであろう。

特別区財政の欠陥と弱点

第4の課題として、大阪市廃止・分割の財政分析の視点をみてみる。大阪市・特別区の財政分析にあって、法定協議会・行政当局から多くの報告書・収支予測などがなされている。

しかし、特別区財政の実像がどうなっているのか、必ずしも明確でなく、大阪市廃止派の評価も、行政当局の財政指標の推計・試算だけである。

第1の論点として、現在実施済みの財政収支予測は、正攻法の財政指標算出であるが、大阪市財政局が財政資料にもとづいて作成されている。財政当局の価値観が注入されていないが、財政分析となると、市当局の価値観が注入され、まして将来推計となると、政治的思惑も混入される。

第1に、特別区の実像を財政面からみてみる。東京都・特別区とも実質的には富裕団体である。しかも都・区の財政調整交付金比率をみても、1965年度25%から2007度55%へと大幅引上げが実施されている。

大阪市廃止で誕生する特別区、その包括自治体の大阪府は、いずれも貧困団体で、財政運営ができるのか、法定協議会の原案でも、必ずしも一般的に納得できる原案ではない。住民投票をめぐる決定を、左右する課題であるが、問題点は依然として曖昧なままである。

第2に、法定協議会の原案で、財源配分の骨格は決定されているが、特別区の自主財源は一般財源ベースで30.64%、大阪市の95.0%の3分の1以下となる。財政調整によって補填されるというが、厳密な意味では自主財源といえず、30%前後の自主財源は、町村並みか、それ以下である。

なぜなら町村の交付税・国庫補助金による政府支援はきわめて手厚く、1人当り決算額は町村財政は、指定都市・中核市を上回っている。特別区財政の財政調整財源は、旧大阪市の市税・交付税に限定され、どうしても不十分である。

　第3に、大阪特別区の財政力は、東京特別区の財政力の約7割程度である。あとにみるように1人当りでみると、東京特別区税は大阪特別区税より25.71％高い。

　財政調整財源は大阪特別区が39.96％高く、特別区税・財政調整財源合計では、東京特別区は大阪特別区の92.22％で低い。しかし、事務配分は大阪特別区が1.59倍で、実質的財政力は、0.9222％×1.59倍＝1.466倍となる。大阪特別区ベースでは財政力は、東京特別区の0.68倍、約7割弱となる。

　第4に、配分主導権は、大阪府にあるだけでなく、法人市民税・固定資産税といった主要税目が府税となり、税務行政の形骸化・空洞化がさけられない。大阪府への税源配分は、建設費への負担分で、むしろ戦前の三部経済制のように、大阪市税は、全部特別区税源として、府事業費分を区税で負担する方式がすぐれている。

　不可能な場合でも、戦前の分賦金システムのように、課税事務だけでも特別区で事務委譲で処理しなければ、なにかと行政上不都合が発生する。

　本書は特別区の財政問題について、既存調査などから問題点を、明確にする意図で分析をすすめた。

　幸い大阪市財政局・法定協議会事務局などが、おおくの調査報告書を発表しているので、これらデータによっで分析をすすめた。

　ただ非常に厄介な問題は、財政推計・予測などは、財政指標を操作することで、極論すればどうにでも収支結果は算出できる。問題はどのような操作をなしたかで、合理的適正な操作であったかどうかが問題となる。

　既存報告書の多くは、特別区成立を支援するための財政指標分析であるため、甘い結果となっているが、実際に過去の財政指標から推測しても、特別区財政はきびしい予測となる。

　行政データの分析から、特別区財政の問題点を指摘できるが、その弊害のコスト分析は、特別区が誕生しなければ、算出できないが、その症状は把握できるので、認識しておかなばならない。

政府財源節減の合算方式

　第 2 の論点として、財政調整システムの合算方式をみてみる。財政調整といえば地方交付税を想定するが、特別区の財政調整システムは、実際はきわめて特殊な都（府）・区合算方式である。

　しかも中央政府にとって、制度的には憲法違反といえるが、それだけにきわめて好都合なシステムである。もし個別算定方式であれば、東京・大阪特別区で 2,000~9,000 億円の交付税財源を浮かしており、合算方式のため特別区交付税は、東京特別区（ゼロ）、大阪特別区（200 ～ 300 億円）だけですみ、その分、東京・大阪以外の自治体が恩恵を被っている。

　大阪市廃止による大阪市税・交付税の特別区・大阪府の配分システム設計は、基本的には東京都・特別区の財政調整システムの模倣であるが、財政力・事務事業配分が異なるので、単純に適用するべきでなく、大阪特別区財政の特異性がある。

　第 1 に、地方交付税は、貧困町村ベースの指標であるので、大阪市財政力は 0.90 前後で富裕団体とみなされるが、実際は財政運営が容易でない。

　大阪市廃止の激変で、特別区自主財源は 3 分の 1 となるので、財政力指数は 0.30 程度に低下する。それでも一般交付税が適用されれば、財政力は 1.00 に補填されるので、そんな心配をする必要はないが、適用除外となると事態は深刻である。

　第 2 に、特別区への交付税は、東京都では都区合算方式という、独特の地方交付税システムが適用されている。すなわち東京都と東京特別区の財源を合算して交付税計算をする。

　そのため東京都が黒字、特別区が赤字であっても、東京都の黒字がより大きければ、交付税が交付されない。また逆も同じである。そのため分離方式であれば、かりに特別区が赤字であれば、交付税は交付されるが、都区合算方式では交付されない。

　この合算方式は、特別区の個別特別区の財政補填にあっても適用される。

赤字の特別区と黒字の特別区があっても、特別区全体として算定され、個別の赤字特別区でも交付税は支給されず、東京都の財政調整システムで補填される。

　結果として特別区制も、財政調整措置は、政府からの財源支援はなく、特別区財政の枠組みでの対応で、本来、特別区税である自己財源をもって、都が財政調整交付金が支給されるが、財政調整機能だけで、財政補填機能はない。

　自己財源での対応であり、個別特別区からみれば、東京都から財源補填されている錯覚に陥るが、原資は自己財源である。

　第３に、大阪市廃止によって、特別区の財政調整は、政府による財政支援システムから排除され、大阪府・特別区関係となるが、財源は旧大阪市財源のみで、特別区の普通税３税と旧大阪市交付税である。

　したがって特別区は政府のみでなく、大阪府の財源補填枠から排除され、自己財源で自己財政を補填する、理解しがたい不可解なシステムとなった。

　どうしてこのような複雑なシステムとなったかは、政府が東京都・東京特別区といった、富裕団体に貴重な交付税財源を交付したくないという認識からである。

　個別交付方式であれば、東京特別区では千代田・港・中央区といった富裕団体は、交付税基準の超過財源を内部留保でき、荒川・足立・葛飾区といった貧困団体は交付税交付をうけることができる。

　算定方式は異なるが、2018年度の特別区の基準財政需要額・収入額の差9,983億円に相当する交付税交付を、政府は余儀なくされるのではないか。同時に特別財源で特別区間の財政力格差是正を図っていくのであれば、政府は負担を免れることができる、絶妙のシステムとなった。

　第４に、合算方式廃止が不可能であるならば、次善の策として特別区財政が自主性回復を目指すべきである。本来は自己財源である特別区税を、東京都が財政調整財源として交付する財政調整システムは、奇妙なシステムである。地方交付税は、　府、国税が財政調整財源となっており、特別

区も都税・国税を財源とすべきである。

　本来、都市自治体が負担している消防、港湾・公営住宅・大学などを実施する経費は、都道府県交付税の基準財政需要額に算入して処理すれば問題がない。

　都府が都市開発・公共施設を設置しても、都府の自主事業で特別区財政が関知しない事業である。事業で赤字をだすか、収益をあげるかは都府の裁量の問題である。事業にともなう使用料・土地売却・補助金の特定財源は事業収入となる。

合算方式は自己財源による財源調整

　非自治的財源調整システムから脱却するには、普通税３税も特別区財源として、特別区の連合機関が、特別区へ配分する、自己財源型調整システムに変革することである。

　現状はいかにも東京都が、自腹を切って特別区を支援しているようであるが、本来、特別区税を財政調整財源として東京都税としたからである。地方交付税でも根本的には同じといえるが、特別区交付金は、制度的に市町村税を財政調整財源として、東京都税としていることに根本的問題がある。

　第１に、特別区の交付金制度は、地方交付税と同様のシステムで運用されているが、地方交付税は全国地方団体が対象であり、財源は一応国税である。それだけに交付税算定方式についての影響は、全国的に拡散され小さい。

　しかし、特別区の財政調整システムは、交付率・測定単位・単位費用・補正係数などをめぐる影響の当事者は東京都・特別区だけで、改正・修正をめぐる対立は紛糾の要因となりやすい。

　財政調整の運用については、法制化されたが、それでも主導権は東京都にあり、特別区の立場は連合しても弱い。

　このような財政調整交付金システムをみても、特別区の財政自立性が弱

いが、創設される大阪特別区財政の貧困性は、特別区制という特異な制度の体質・構造・運営面にあって、さらに欠陥が肥大化するおそれがある。

　第2に、配分システムの変更である。東京都では目的税2税は、事務事業配分がすすんでいないので、東京都がほぼ独占しているが、大阪府では特別区との配分となっている。

　財政指標として配分率は上昇するが、事務事業配分にみあった財源措置がなされているのかである。府営住宅が大阪市移管となり、大阪市営の港湾が大阪府移管となったが、財政需要額の算定基準はどうか、結果だけでは信頼できない。

　第3に、特別区の財政は、東京都特別区と同様の制度となるが、特別区設置で市町村合併のように特例的財政支援があるわけでない。ことに地方交付税の配分方式は、都区合算方式（府区合算）で、もとの大阪市交付税のままである。きわめて不合理なシステムの強要となっている。

　そして政府にとっても、特別区制度は、地方交付税が少なくてすむ、好都合な制度である。大阪市の分市方式交付税は、正確な推計はなされていないが、2010年10月、大阪市が9区方式で試算した推計では、中央富裕区は997億円黒字、あと1つの富裕区は430億円黒字で合計1,427億円は内部留保となる。のこり7区は122〜230億円の1,389億円赤字で、交付税で補填される。

　交付税は1,389億円となるが、さらに超過黒字1,427億円、歩留まりとの合計2,816億円の増収となる。2010年度交付税約500億円との差、約2,300億円の実質的増収となる。

　広域大阪府構想より、おなじ特別区となるなら、大阪市分市方式になれば、約3,000億円の実質的財源増加となる。(17)

　面倒くさい大阪都構想より、思いきって分市方式で、大阪市解体すれば、大阪特別区は富裕団体となり、十分な市民サービスもできるが、広域大阪府方式ではなにもよいことはない。

　第4に、政府は交付税財源が減少するが、補助金化した交付税改革をす

る好機となる。ふるさと納税をみても、ふるさと納税の寄付収入は基準財政収入額に算入されないが、大都市などの交付税交付団体の減収額75％は補填されている。

　しかし、ふるさと納税の寄付収入は制度による優遇された収入であり、一般寄付とことなるので75％は算入すべきである。泉佐野市だけで2018年度だけで497億円、全国で5,127億円の交付税財源で3,845億円が補填されている。この措置に比べれば、大阪特別区の個別補填方式は、制度にそった独立市への措置で、批判される脱法行為でない。[18]

交付税合算方式は憲法違反

　このような合算方式は、憲法違反でもある。第1に、特別区は2000年4月から地方自治法改正で「基礎的な地方公共団体」となった。特別区は公選首長をいただく独立自治体として法制化されている。

　にもかかわらず交付税算定にあって行政区とみなされ、他の自治体より不当にあつかわれている。東京都・特別区とも富裕団体であったので、合算方式の被害はないので安易に容認したが、大阪府・特別区では、貧困団体で事情は全く異なる。

　「30次地方制度調査会」では、「指定都市を特別区に分割した場合、現行制度と同様に、地方交付税の算定にあっては、特別区を1つの市とみなすことが必要」と答申している。

　しかし、独立の自治体として認知しながら、交付税配分にあって行政区とみなす理由はなにか、説明されていない。交付税財源の減少を忖度したのであるが、交付税財源はふるさと納税の減収額補填でも4,000億円前後の補填となっている。

　さらに交付税の補助金化による不必要な財源となると数千億円となる。本来あるべき交付税運営を無視して、特別区を不当に冷遇する、中央省庁の政策感覚の劣化は、責められるべきである。

　行政的妥協対応策としては、大阪維新はせめて町村合併の財政支援並み

の措置を、制度改革の被害補填として、合算区方式の減額の半分を政府に
認めさせるべきである。

　第2に、地方自治体が地域問題を解決する手段として、市町村合併・企
業誘致・原発建設などを選択するが、実際、不測事態も発生し、期待され
た効果があがらないケースがすくなくない。

　市町村合併では中心都市は栄えたが、周辺町村は衰退が加速したケース
かすくなくない。大阪市廃止でも大阪府は潤ったが、特別区は貧困に喘ぐ
結果になるだろう。オリンピックにしても、1年延期で財政負担は膨大で、
廃止となれば東京都財政は、コロナ対策費負担もあり、財政危機は深刻化
するであろう。

　原発設置はさらに悲惨であった。原発事故で地域喪失となったが、膨大
な交付金は使徒がきめられ積立金となっておらず、生活補償・再建費はな
かった。さらに近隣町村は被害だけ被り、地域・生活破壊に見舞われるだ
けである。[19]

　原発建設では住民投票も行われたが、必ずしもメリット・デメリットを
めぐる論争は十分でなかった。多くの県では地域振興策として推進され、
町村は同調したが、財源はふえたが地域振興には連動していない。大阪市
廃止も大阪市民にとって大きな被害で、なんらかの救済措置が必要である。

　第3に、大阪都構想による大阪市廃止・分割も、市民・特別区としては
希望に胸をふくらませて、独立自治体として発足したが、気がついてみれ
ば、大阪市廃止の打撃、特別区の大阪府への拠出金、水道・消防の府事業化、
良いことはなにもなく、まったく踏んだり蹴ったりで、憤懣やるかたない
結果が想定される。

　大阪都構想も、大阪経済振興策がルーツであったが、みずから墓穴をほ
る事態と化するかである。自治体にとって「誤謬の選択」は悲劇であるが、
大阪都構想は制度設計が最悪で、未来永劫に苦しむであろう。

　第4に、大阪市廃止・分割が避けられないとしても、特別区財政がこの
ままでは、特別区財政が崩壊するだけでなく、大阪市民の生活は疲弊して

しまう。残された秘策は、交付税個別方式の導入しかない。

　大阪維新は、東京都・特別区の富裕団体の財政関係だけをみて、大阪府・特別区の貧困団体の財政関係が、どうなるかを認識していない。特別区財政黒字826億円という粉飾決算を信用しているが、さきにみたように現実は赤字であり、財政拡充策は特別区財政調整システムの改革しかない。

注

（1）待場康生「特別区設置協定書に対する市会各派の反対討論」（大阪の自治を考える研究会編著『大阪市の廃止・分割』82頁。

（2）同前82・83頁。

（3）二重行政解消の挫折については、高寄昇三『大阪市廃止と生活行政の破綻』92〜98頁、以下、高寄・前掲「大阪市廃止」、大阪経済振興の政策ミスについては、同前78〜91頁参照。

（4）この間の政治的経緯については、別当良博「大阪市で起きていること」（辻山幸宣・岩崎忠編『大都市制度と自治の行方』公人社・2012年、巻末参考文献で紹介しない文献は出版社・発行年次記載、以下、同じ）45〜54頁参照。以下、辻山・前掲「大都市制度」。

（5）府県集権主義の弊害と特別区の欠陥については、高寄・前掲「大阪市廃止」38〜51頁参照。

（6）橋下徹・堺屋太一『体制維新―大阪都』226頁。以下、橋下・前掲「体制維新」。

（7）同前220頁。

（8）栗原利美著・米倉克良編『東京都区制度の歴史と課題』6頁。以下、栗原・前掲「東京都区制度」。

（9）この点について、「この自治体版『レヴァイアサン』は、①局を単位とする全くタテ割り組織であり、組織全体を調整するトップ・マネジメント機能が働かないこと、②自治体財務ができない組織になっていること、具体的には都の財産がどれだけあるのか、また本当の赤字の額はいくらなのかといった基本的な事項が誰もわからなくなっていること、③自治体の政策目標である自治体計画が策定できないこと、④組織が巨大かつ複雑過ぎて、人事管理がいきとどかないなどの重大な欠陥がる」（同前6・7頁）と指摘されている。

（10）同前7頁。（11）同前128頁。（12）（13）同前128頁。

（14）橋下・前掲「体制維新」163〜176頁参照。

（15）藤井聡『大阪都構想が日本を破壊する』101頁、以下、藤井・前掲「日本破壊」。

（16）三部経済制について、高寄昇三『明治地方財政史第6巻』45〜93頁、高寄昇三『昭和地方財政史第5巻』551〜608頁参照。

（17）この点については、高寄昇三『虚構・人阪都構想への反論』（公人の友社 2010年）72〜78頁、高寄・前掲「大阪市廃止」488・49頁参照。

（18）ふるさと納税については、高寄昇三『「ふるさと納税」「原発・大学誘致」で地方は再生できるのか』（公人の友社　2018年）参照、以下、高寄・前掲「ふるさと納税」。

（19）原発誘致については、高寄昇三『原発再稼働と自治体の選択』（公人の友社 2014年）参照。

Ⅱ　大阪市財政の虚像と実像

富裕団体大阪市財政の不安要素

　特別区設置は、住民投票で決着がついても、2025 年である。特別区にとって大阪市の財政調整基金・市債残高がどのようになっているか、その財政の命運を握っているといっても過言ではない。

　大阪市財政は、財政力 0.90 以上で富裕団体とみなされている。しかし、2000 年以降の財政運営をみると、人件費・建設費・起債削減と、減量経営的な圧縮財政がつづいている。

　結果として 2018 年度財政調整基金 1,604 億円と大幅に積み増しされているが、市債残高 1 兆 9,063 億円と巨額で、長期にわたる圧縮財政約 2 兆円は、潜在的財政需要が累積されており、財政実態は富裕団体ではない。

　最近の大阪市財政をみると、ラスパイレス指数は上昇し、2020 年度から学校給食 77 億円がふえ、コロナ対策費の膨張、大学統合も経費膨張をきたす。さらに人口の高齢者化・老朽公共施設の改修など、慢性的財政支出の圧力が強まり、財政調整基金取崩しの恐れがある。

　現時点の全会計の債権・債務（**表 14** 参照）は、財産 14.2 兆円、地方債 4.5 兆円、債務負担行為 0.6 兆円で、差引 9.1 兆円の黒字であるが、財産は行政財産もあり、むしろ地方債償還が多く負担超過で、現金・基金では支えきれず、債務超過で前途多難である。一体大阪市財政は、富裕なのか貧困なのか、政策科学の意識をもって分析しなければならない。

　第 1 の課題が、過去の大阪市財政規模（**表 1・2** 参照）を、2002 ～ 2018 年度でみてみる。財政数値は総務省の市町村決算統計で、実態そのものである。問題は一般会計のみで、特別会計・公営企業会計が除外されているが、繰出金・繰入金で影響力はわかるが、外郭団体は対象外で、財政全貌となると、一般会計の分析だけでは不十分である。

　人口は 2002 年 248 万人、2018 年 270 万人と 8.87 ％増加で、大都市でも神戸市などは、震災もあり人口減少である。全国的にみて広域経済圏の中心都市、仙台・名古屋・大阪・広島・福岡市などは、国土構造のメカ

ニズムが有利に働き、求心性がまし、経済は順調であるが、同時に行政コストも増加する。

　財政運営は抑制気味で、関市長（2003.12 〜 2007.12）、平松市長（2007.12 〜 2011.12）、橋下市長（2011.12 〜 2015.12）、吉村市長（2015.12-2019.3）、松井市長（2019.4 〜）以来、体質化したともいえる。

　なお横浜市財政は 2002 年度歳入 1 兆 4,037 億円、人口 350 万人、2018 年度財政 1 兆 7,484 億円（24.55％増）、人口 374 万人（6.86％増）である。名古屋市は 2002 年度 1 兆 408 億円、人口 219 万人、2018 年度歳入 1 兆 2,036 億円（12.89％増）、人口 229 万人（4.57％）である。両市とも人口増加率は大阪市より小さいが、財政は大きな伸びである。

　横浜市の財政伸びは年 3,447 億円、大阪市は人口比 0.72 倍で、2,482 億円、人口増加補正 8.87 ÷ 6.89 ＝ 1.29 で、16 年間で 3,202 億円の圧縮財政になっている。横浜・名古屋市との比較でみた、圧縮財政のツケが、将来、どのような形で顕在化するのか憂慮される。

　第 1 の分析として、歳入状況（**表 1** 参照）をみると、第 1 に、2002 年度 1 兆 7,907 億円、2018 年度 1 兆 7,611 億円と比率で 1.37％減、金額で約 300 億円減であるが、地方債が 1,475 億円減少で、実質的には約 1,200 億円増で、増加率 7.82％で人口増とほぼ同じである。

　第 2 に、市税は 12 年間で 16.1％の伸びで、一般財源ベースでは市税比率 78.9％から 84.2％に上昇している。全会計でも 35.5％から 41.9％へ上昇している。

　しかし、特別区財政を想定すると、2018 年度市税の市民税個人（27.0％）は特別区税となるが、市民税法人（構成比率 18.8％）、固定資産税（38.4％）、事業所税（3.8％）、都市計画税（7.8％）は、府税とされ財政調整財源等になるので、特別区税財政は楽観的予測はできない。

　一般財源ベースでは、15 年間で 700 億円増に過ぎないが、市税増加が交付税で減額調整されたためである。しかし、特別区財政になると、市税は 3 分の 1 となり、財政調整機能がどう作用するが不確実である。特別区

が頑張っても、国税・府税が吸い上げるシステムが、特別区制となると、より強く稼働する。

　第3に、交付金・譲与税は、譲与税は減少傾向で、交付金は年度で変動があるが、概して横ばい状況である。地方交付税は、2002年度844億円であったが、2018年度は436億円と半減している。市税収入が約1,000億円増で、交付税減に影響している。

　要するに財政運営の戦略としては、公共投資型で無理をして、経済振興をしても、市税が75％減額補正されるので、低いコストのソフトの施策で、経済振興を図っていくのが「行政の知恵」といえる。

　第4に、国庫支出金が、約1.5倍増加しているのは、民生・教育費増加で、教育・保育給付費負担金や障がい者自立支援給付の国庫負担金などで、高度成長期のよう建設補助は、減少している。[1]

　それにしても近年の大阪市建設投資の減少は、15年間で投資的経費は57.7％減、維持補修費33％減と、ピッチが早すぎるのではないか。

　名古屋市は2009～2018年度で投資的経費24.2％増、維持補修費5.4％増である。施設老朽化への更新・改修費などの怠慢は、災害発生・施設短命化となるので、警戒・憂慮される減少である。

　第5に、市債収入は、1,475億円減少しているが、減収補填・財源対策債が約200億円増で、実質的市債1,675億円減少となる。建設債が1,632億円減少しており、投資的経費削減の影響である。

　第6に、財産収入は、従来から毎年多額の収入をあげているが、2001年度351億円、2002年度392億円、2003年度461億円、2004年度475億円、2005年度450億円、以後も200~400億円の収入となっている。もっとも内訳は、賃貸収入と売却収入が半々である。

　なお2015年度には521億円を記録している。遊休土地だけでなく小学校統廃合による売却も寄与しており、積立金が多い要因でもある。

　全般としての印象は、減量財政で指標は良好を示しているが、施設費・市債費の抑制は、必要な支出の繰り延べ的要素が濃厚であり、近年、人件

表1 大阪市歳入決算の推移

（単位 百万円）

区　　　分	2002年	2007年	2012年	2017年	2018年
市　　　　　税	635,039	678,485	627,006	675,404	737,441
地 方 譲 与 税	8,941	8,553	6,671	6,121	6,018
地方消費税等交付金	76,669	67,651	57,208	131,040	88,572
地 方 交 付 税	84,384	10,500	50,172	52,770	43,642
（一 般 財 源 合 計）	805,033	765,189	741,057	865,335	875,673
使 用 料・手 数 料	66,774	63,391	60,559	67,280	69,472
国 庫 支 出 金	250,342	257,413	333,309	403,887	396,685
府 支 出 金	20,184	38,357	52,472	69,880	74,304
財 産 収 入	39,524	37,905	28,145	25,408	27,268
繰 入 金	65,816	44,191	146,360	35,780	62,543
繰 越 金	4,424	2,864	1,259	1,991	2,004
諸 収 入 等	354,271	226,959	208,041	155,284	149,562
地 方 債	251,116	141,061	129,579	117,973	103,599
合　　計	1,790,706	1,577,285	1,700,781	1,742,817	1,761,138

注 諸収入には交通局安全特別交付金，分担金・負担金，寄付金をふくむ。
資料　総務省市町村決算統計

費抑制も増加に転じており、必要支出の削減で、将来の財政運営は膨張への危惧がみられる。

大阪市財政は縮小傾向

　第2の分析として、目的別歳出状況（**表2**参照）の推移をみると、第1に、総額は歳入と同様に横ばいで、2002~2018年度で1.68％減である。開発ビッグプロジェクトもなく、災害復興という臨時事業もないので、大都市型財政の様相はなくなっている。

　しかし、このたびのコロナウイルスは、臨時支出だけでなく、市税収入減少も予想され、緊縮財政の基調がくずれるのではないか。

　第2に、総務・議会費は、多くのその他費と同様に減量経営によって、

構成比率は0.2％から0.1％へ低下している。人件費だけでなく、すべての支出について削減が実施されたのであろう。

　第3の民生費は、驚異的な伸びで、構成比率も26.5％から41.3％と激増している。将来も人口の高齢化・経済の所得格差拡大から減少することはなく、深刻な財政問題へと発展する。ただ18年度は前年度から1.76％減少しており、東京特別区でも増加率が小さくなっているが、長期的傾向が減少へと、むかうことは期待できない。

　第4に、土木費の構成比率は、23.9％から11.0％へと低下している。公共投資の必要性は万博などであるが、地下鉄整備などで普通経済への影響はすくない。

　民生費の財政圧迫要素から、公共投資抑制となったともいえる。さらに過去の都市開発事業の赤字補填もあり積極的投資は、自粛したからであろうか。名古屋市の土木費をみると、2018年度構成比率11.9％で、2009年度16.8％で、過去10年間、1,300 ～ 1,500億円と安定している。

　第5の公債費は、16年間で600億円の増加である。過年度の既発債の

表2　大阪市目的別歳出決算の推移

（単位 百万円）

区　分	2002年	2007年	2012年	2017年	2018年
総 務 ・ 議 会 費	125,042	123,000	212,629	88,899	80,150
民 　 生 　 費	474,104	537,839	676,445	738,876	725,557
衛 　 生 　 費	152,467	109,428	87,093	80,476	82,329
商 工 ・ 農 水 費	122,546	87,391	139,860	88,320	87,066
土 　 木 　 費	426,552	295,893	163,500	191,127	197,139
消 　 防 　 費	45,292	45,873	37,056	37,398	37,126
教 　 育 　 費	172,766	137,783	110,560	247,074	246,311
公 　 債 　 費	234,919	208,517	260,805	263,749	293,062
そ 　 の 　 他	34,282	54,676	11,308	4,899	9,831
合 　 計	1,787,971	1,573,281	1,699,256	1,740,813	1,758,572

注　土木費は災害復旧費をふくむ、その他は労働費・諸支出金など。
資料　総務省「市町村決算統計」

元利償還額は大きいが、公共投資の新規債発行が抑制されたので、全体としてはわずかな増加にとどまっている。

　低成長期となり、建設費減少もあり、市財政運営の視点から、市債残高削減で積立金増額がしやすい環境となり、安定性高まりつつある。特別区制実施を想定するならば、事前に市債償還を前倒しで償還しておくことがのぞましい。

大阪市財政は硬直化

　第3の分析として、性質別歳出状況（**表3**参照）の推移をでみてみる。第1に、人件費構成比率は2002年度18.4％から2018年度17.2％と低下している。

　職員給与額をみると、2002年2,376億円、2016年度1,421億円と955億円の削減となっているが、2002年度ベースの累積節減額は、中間年度削減額477.5億円が16年間で7,640億円となる。

　ただラスパイレス指数からみて、これ以上の抑制はむずかしいのではないか。ラスパイレス指数は、2016年度94.2から2018年度96.5と2ポイント以上上昇している。

　第2に、扶助費は2002年度の16.6％から2018年度31.5％と大幅アップとなっている。構成比率も投資的経費7.1％の4倍以上で、財政運営からみて大きな脅威である。

　第3に、公債費は2002年度の13.1％から、2018年度16.6％と上昇している。過去に発行した市債の元利償還金の増加である。新規市債の減少傾向もあるが、償還額はあまり増加していない。特別区設置を考えるば、償還を加速させるべきである。

　第4に、投資的経費の構成比率は、2002年度16.1％から2018年度7.1％へと半減している。注目されるのは、2002年度補助事業比率5.4％、単独事業10.3％であったが、2018年度補助事業3.8％、単独事業2.9％と逆転している。

表3　大阪市性質別歳出決算の推移

（単位 百万円）

区　　分	2002 年	2007 年	2012 年	2017 年	2018 年
人　件　費	328,600	275,570	232,278	300,874	302,071
扶　助　費	296,340	374,569	498,403	552,538	553,531
公　債　費	233,813	207,387	260,026	262,979	292,278
（義務的経費）	858,753	857,526	990,707	1,116,391	1,147,880
物件・維持修繕費	195,013	132,743	119,222	128,153	130,697
補　助　費　等	172,083	149,324	127,006	115,484	123,473
繰　　出　　金	99,221	99,448	121,812	129,366	139,506
積　　立　　金	5,232	24,058	131,805	45,726	85,749
投資・出資・貸付金	198,066	148,053	131,988	89.937	85,749
投　資　的　経　費	287,916	162,129	76,715	115,757	124,704
合　　　計	1,787,971	1,573,282	1,699,255	1,740,813	1,758,572

資料　総務省「市町村決算統計」

　2002 年度 2,879 億円から 2018 年度 1,247 億円と 1,632 億円減で、2002 年度ベースで中間年度削減額 816 億円の 16 年間 1 兆 3,056 億円となる。

　大阪市財政の過去 16 年間（2002 ～ 2018 年度）の推移をみると、ラスパイレス指数の低下にみられる人件費削減率 8％、投資的経費削減 56.7％と、大阪維新は広域行政展開を提唱しているが、実態は人件費・建設投資削減で、広域行政の実績はほとんどない。穿った見方をすれば、どうせ廃止する大阪市への投資は惜しいとの感覚ではないか。

　大阪維新がどうして必要以上の減量経営を実施したのか、不思議であるが、善意に解釈すれば、民生費・扶助費の増加に対応するための安定策といえるが、悪意に解釈すれば、大阪維新は、行財政改革を選挙スローガンとして勢力拡大を図ってきたので、表面的な財政指標で、減量経営を演出する必要があったといえる。

　特別区にとっては減量経営は市債削減は歓迎すべきだが、住民投票後、減量経営への反動で、一気に財政膨張をきたす恐れがある。

大阪市将来財政推計は悪化の症状

第2の課題は、大阪市財政の将来推計である。年々、将来推計の累積赤字額は大きく変動している。松井市長は、2020年2月13日の予算発表で、将来収支概算の公表を見送った。

松井市長は「市の試算は厳しすぎる」[2]と、新たな試算方式の意向で、この変更は近年、減量経営に徹底してきた、財政運営路線の変更を示唆するものといえる。

大阪市財政当局が、算出した当初将来推計の財源不足は、2019年2月版の550億円から、2020年2月版の207億円に改善された。

ただこの推計は単なる推計でなく、「市の廃止後に設置する特別区の財政が成り立つかを判断するシミュレーションにつかわれており」[2]従来から発想・方針で、変更は問題ではないのかと指摘されている。

一般的傾向として、事務ベースの技術的推計で、安全度を見込み、減額収入で推計しがちとなる。ただ市長は財源不足を抑制し、財政安定性を誇示する傾向があるのも当然である。問題は修正の意図・頻度で推計の信憑性が失われるようでは困る。

松井市長の修正意図は、「数字を厳しく見積もることで、借金返済の前倒しに充ててきた財源を『実態に即した計算方法に変えることで、市民サービスの拡充に振り向ける』」[3]だけと説明している。

しかし、市債返済を繰り延べ、市民サービスを充実させれば、特別区への引き継ぐ実質的財政収支は、大幅赤字の付けを転嫁するだけである。要するに財政硬直化はすすみ、フローの財政指標は改善されるが、ストックの財政指標は悪化する。

どうして再推計で赤字額が大きく変動したのかの修正について、「従来の試算と一貫性が保てるのか」「都構想の住民投票前に、緩い方に変えるのはなぜか。特別区の財政は見かけ上豊かになるのでは」[4]といった疑問が投げかけられている。

　松井市長は「緩めるだけ緩めるということでも、粉飾するということでもない。他の政令市でもやっているスタンダードなやり方で一度見直そうよということだ」⁽⁵⁾と反論している。

　技術財政操作としては、税収増に伴う地方交付税の減額を圧縮したり、公債費想定金利を内閣府の水準に引下げたりしている。

　しかし、財政予測にあって改善要素だけを注入し、改悪要素を注入しなければ、財政収支見込みの粉飾性は高まる。財政の適正化のためには減額・増額が確実化される要素を、公平に注入する姿勢がのぞましい。

　松井市長は「従来と比較すると直近の試算は悪くなる。粗いものだが、より実態に近づいた」⁽⁶⁾と評価しているが。しかし、2020年3月版（**表4**参照）では、累積赤字977億円の増額修正されている。

　都市計画税・固定資産税の評価替え、給与改定、公共施設の維持管理費増加などであるが、問題は次の試算は、コロナ不況による税収・民生費増などが予測されるが、政府支援でいくら補填されるかであるが、財政収支悪化はさけられない。

大阪市財政将来推計の不確定要素

　第1の課題として、大阪市財政の将来が、どうなるか大阪市存続派にとっても、重要な関心事であるが、2025年の特別区へ基金・市債残高がいくらで、引き継がれるかである。

　ただ累積収支額をみても、2018年2月（2018～2027年度）累積417億円赤字、2019年度2月（2019～2028年度）累積550億円赤字、2020年2月推計（2020～2029）207億円赤字と、改善されたが、2020年3月（2020~2029年度）は、977億円の大幅赤字になっている。地方交付税推計算定方式の変更・想定金利の見直しが原因である。

　しかし、いずれにしても将来推計がこのように変動が激しいのは、推計の信用性にかかわるが、次第に悪化しつつある兆候がみられる。2020年度3月試算（**表4**参照）から、一般傾向を推測してみる。ただ紙面の関係

で隔年度に省略し掲載している。

　第1の分析として、歳入状況（**表4参照**）をみてみる。第1に、2020〜2029年度では、歳入総額はほとんど増加していない。さきの2002〜2018年実績と同様である。したがって一般財源合計額も同様である。項目別では市税273億円、その他収入265億円増加で、その他の項目は横ばいである。

　第2に、地方交付税・臨時対策債は、それぞれ約100億円減少している。民生費の激増があり、交付税の財政需要は伸びるが、財政力が0.9であるので反映されていない点もあるが、大阪市交付税は2002年度844億円が、2029年度101億円と783億円と激減となっているのは、投資経費削減で財政需要額の抑制が響いていると推測される。しかし、交付税減を考えると、必要な投資・維持費で交付税対象となる事業は削減・抑制すべきでない。

　第3に、公債収入は、投資額が減少しており、比例して減少しているが、むしろ歳出の投資額の減少が異常ともいえる。あとにみるように公共施設の改修もあり、減少一辺倒という推移は、無理があるのではないか。

　第3に、特定財源をみると、その他で国庫補助金など主要財源が、すべて包括され処理されている。過去推計では国庫支出金が、大きく伸びているが、その他収入の減少があり相殺されたのではないか。公債収入も横ばいであり、歳入は期待できないことになる。

　第2の分析として、歳出（**表4参照**）をみると、第1に、総額はわずかに伸びているが、9年間で約320億円でしかない。扶助費の878億円増、公債費の370億円減がめだつ程度で、他費目は横ばい状況である。

　第2に、人件費については、3,000億円前後で微減である。しかし、今後、民生費などサービスが増加すると、従来のように減少トレンドとはいかない。人件費需要を民間委託・非正規職員でおぎなってきたが、今後もこの方式が拡大活用できるかである。また正規職員のラスパイレス指数をみても、底打ちの感がる。

第３に、扶助費以外は、横ばい・やや減少で扶助費の増加を補填している。扶助費増加は、日本経済による成長につれて、所得格差が拡大しており、低所得者層増が背景にあるからである。

第４に、公債費についは市債残高２兆6,909億円である。[7] 15年均等償還として年1,794億円、金利２％で538億円で公債支出は元利合計で

表4　大阪市財政収支推計

（単位 億円）

区　　分	2020年	2022年	2024年	2026年	2028年	2029年
歳　　入	17,593	17,831	17,689	17,598	17,722	17,839
税 等 一 般 財 源	9,246	9,231	9,162	9,156	9,191	9,225
市　　税	7,420	7,349	7,399	7,569	7,612	7,693
地 方 特 例 交 付 金	31	28	24	19	12	8
地 方 交 付 税	330	299	225	141	122	101
臨 時 財 政 対 策 債	383	413	367	254	248	215
譲 与 税 交 付 金	1,082	1,142	1,147	1,173	1,197	1,208
特 定 財 源	8,424	8,677	8,604	8,519	8,608	8,691
譲 与 税 ・ 交 付 金	7	7	7	7	7	7
公 債 収 入	1,111	1,246	1,135	1,056	997	1,013
そ の 他	7,229	7,347	7,385	7,379	7,527	7,594
歳　　出	17,700	17,887	17,797	17,649	17,829	18,020
人 件 費	3,004	3,009	3,008	2,958	2,926	2,920
扶 助 費	5,956	6,149	6,329	6,536	6,729	6,834
公 債 費	2,255	1,976	1,900	1,804	1,837	1,884
行 政 施 策 経 費	2,272	2,328	2,369	2,297	2,331	2,348
投 資 的 経 費	2,196	2,367	2,089	1,914	1,832	1,837
特 別 会 計 繰 出 金	2,017	2,058	2,102	2,138	2,174	2,197
差引不足額（経常収支）	▲107	▲56	▲108	▲49	▲107	▲181
補 填 財 源 活 用	107	0	0	0	0	0
単 年 度 収 支 不 足 額	0	▲56	▲108	▲49	▲107	▲181
うち財務リスク収支	▲49	▲72	▲28	▲16	0	0

注　譲与税・交付金には地方特例交付金ふくむ。なお財源補填は不用地売却代16億円，財政調整基金14億円である。
資料　大阪市財政局『今後の財政収支概算』2020（令和2年）年3月版。

2,332 億円、新規発行もあるので金利は同額とすると、償還スピードはそれほど早いとはえない。

　むしろ 2022 年度以降は償還不足が、約 380 億円程度見込まれ、8 年間で 3,040 億円の不足がみられる。

　第 5 の行政施策費は、新規大学整備・建設費、市立美術館大規模改修などを見込む。さらに公共施設等の維持管理費増加も、一定額を織り込んでいると説明しているが、10 間で 360 億円も減少しており、ほとんど算入されていない。

　東京特別区では今後 20 年の公共施設改築費 3.2 兆円（年 1,600 億円）と見込んでいる。[8] 大阪市は人口比 3 分の 1 で年 530 億円として、合計 1 兆 600 億円となるが、ほとんど算入されていないのではないか。

　第 6 に、公営企業等への繰出金は、2002 年度 1,988 億円、2018 年度 1,812 億円と 176 億円減少である。なお 2018 年度繰出金内訳は、下水道 293 億円、宅地造成（都市再開発）284 億円、交通 96 億円、市場 37 億円、国民健康保険 336 億円、その他 768 億円となっている。

　健康保険への繰出金は赤字補填であるが、2002 年度 477 億円から減少している。問題は将来とも健康保険会計の赤字などの、膨張要素がおさえられるのかであるが、不安定要素であるが、現状は一応安定している。

　第 7 に、財務リスクは、阿倍野再開発事業・弁天駅前開発土地信託事業などである。財務リスク債の解消は、2014 年度 3,035 億円から 20209 年度見込みでは 920 億円と圧縮がすすんでいる。

　ただ償還財源捻出のため、土地売却が充当されているが、土地売却は、都市空間・災害用地・事業代替地などの行政需要が大きく、遊休地であるから安易売却してよいものでない。

財政収支は将来も安泰か

　第 3 の課題として、財政収支をみると、財政当局の方針は「将来世代に負担を先送りしないため、『補てん財源に依存』するのでなく、『収入の範

囲内で予算を組む』ことを原則とし、行財政改革を徹底的に行い、『通常収支（単年度）の均衡』をめざし、補てん財源（不用地等売却代、財政調整基金）を活用しない方針である」[9] といわれている。

　この方針は財政調整基金の増額となって、実効性のある方針となっているが、2019・2020年度のコロナウイルス被害では財政調整基金とりくずしは避けられないであろう。

　第1に、差引経常収支は2029年度までの累計は977億円の赤字である。この推計は3月版で、2月版では207億円の累積赤字であった。

　推計は「地方交付税や公債費等について、国予算・地方財政計画や本市実績を勘案して、試算の前提条件の変更を行ったことによる影響額を織り込む」[10] といわれうるが、コロナウイルスの影響を算入するとさらに赤字額は増加するのではないか。

　先にみた公共施設更新・改修費5,300億円、市債償還額不足3,000億円などを加算すると巨額となり、財政破綻状況に陥るのではないか。民生費の増加はみたが、施設更新費は、東京都知事選挙でも課題となったし、阪神大震災でも被害拡大の要因となったが、算入漏れは盲点ではすまないのではないか。

　第2に、いずれしても赤字額は大きく、特別区財政へどう引きつがれるか不安であるが、民生費増加・建設費減少が、このペースですすむかどうかである。「なお、この試算には多くの不確定要素（経済情勢の影響を大きく受ける税収や国の財政状況をふまえた地方交付税の状況、金利・建設単価等の動向、公共施設の老朽化への対応に加え、その他今後予想される新規事業、未織り込みの財政リスクなど）があり、相当の幅をもって見る必要がある」[11] といわれている。

　しかし、今般の新型コロナ対策の財政支出は、財政赤字要素となり、財政調整基金を取り崩すことにもなりかねない恐れがある。

財政健全化指標による診断

大阪市財政を大都市比較で、財政診断してみると、地方財政健全化法制定で自治体財政の運営は、フローだけでなくストックも、財政指標も活用でき、財政分析はより実態を反映できることになった。

　第1に、経常収支比率をみると、100％前後の数値で収入・支出が均衡している。90％前後が理想である。ただ積立金・市債償還など、ストック処理がなされ、標準財政規模との対比でみた実質収支比率をみると0.0が均衡で、市町村では20％が以上は危険水域で3〜4％がのぞましい数値、大都市では大阪市をはじめ、ほとんどが安全指標である。

　第2に、財政力指数は大阪市は、2018年度0.93で、当然、交付団体である。大都市をみると、横浜市0.962、名古屋市0.985、京都市0.806、神戸市0.800、札幌市0.723、仙台市0.910、広島市0.836、福岡市0.887、北九州市0.728で、大都市で不交付団体は、川崎市1.001だけで、大阪市は0.93と上位になる。ちなみに東京都特別区は1.162である。

　第3に、公債費負担比率は20％前後が、危険水域といわれる水準であるが、大阪市22.1 横浜市14.7、名古屋市15.8、京都市17.2と、他都市と比較してもやや高い。

　しかし、償還能力の財政規模比較の実質公債比率では、大阪市は10％から年々低下し、2018年には4.2％まで低下している。横浜市11.2、名古屋市9.4、京都市11.4であるが、神戸市5.7、札幌市2.2と相対的な差である。

　第4に、大阪市積立金は、2002年は特定目的基金509億円、減債基金16億円だけであった。2017年度は財政調整積立金1,630億円、減債基金116億円、特定目的基金660億円となっているが、2018年度は減債基金はゼロ、財政調整基金1,604億円、特定目的基金654億円となっている。[12]

　目立つのは近年の財政調整基金の増加であるが、原資がどう調達されたのか、2002年度からの全体傾向（**表1〜3**参照）からみて、人件費・公債費、維持補修費、投資的経費の抑制である。

　歳入では市税増加・地方債減少で、国庫支出金は民生費増加で相殺される。注目すべきは、財産収入の収入額が他都市と異なり多いことである。戦前からの都市経営の成果の蓄積といえる。(13)

　第5に、大都市の積立金は、2018年度で横浜市540億円、名古屋市441億円、京都市407億円、神戸市531億円といずれもあまり大きくはない。大阪市の2,261億円は財政規模比較でもかなり多い。

　第6に、地方債現在は2002年の2.7兆円から2018年1.9兆円と約0.8兆円償還がすすんでいるが、市債残高は歳入総額の1.08倍、一般財源の2.18倍で償還は容易でない。ただ繰り上げ償還ではなく、投資額抑制が原因である。

　これら大阪市の財政推移・財政診断指標をみてきた評価としては、第1に、財政規模は横ばいであるが、歳入では市税の伸びが、交付税の減額となっており、実質的財政力は上昇していない。

　ただ基準財政収入額の算入率の差は歩留まりがあるが、市税・交付税合計でみると、相殺され、実質的にはそれほど大きくはない。

　第7に、大阪市財政は歳出では、民生・教育費増加が目立つが、土木費

表5　大阪市財政診断指標数値の推移

（単位 百万円 %）

区　分	2002年	2007年	2012年	2017年	2018年
経 常 収 支 比 率	103.1	99.9	101.9	98.3	96.9
実 質 収 支 比 率	0.0	0.1	0.1	0.0	0.1
財 政 力 指 数	0.87	0.93	0.90	0.93	0.93
公 債 費 負 担 比 率	20.2	20.1	25.6	23.1	22.1
実 質 公 債 比 率	―	11.8	9.4	5.7	4.2
将 来 負 担 比 率	―	263.8	180.8	65.2	46.4
積 立 金 現 在 高	52,376	79,282	188,658	241,153	226,075
地 方 債 現 在 高	2,716,248	2,833,410	2,660.209	2,069,776	1,906,256
ラ ス パ イ レ ス 指 数	―			94.3	96.5

資料　総務省市町村決算統計

の減額で調整されている。問題は特別区創設で、民生・教育費は特別区、建設費は大阪府となるので、警戒すべき動向でああある。

第8に、ストック指標として、プラスの積立金額が増加し、マイナス指標の地方債・将来負担額が減少という状況で、健全化がすすんでいることになるが、市債残高が多いことが気がかりで、視界良好といえない。

問題は経済・社会変動に対する安定装置として、財政調整基金1,600億円は、歳山額対比で9.1％で、災害があると、交付税補填があっても一気に破綻する恐れがる。

大都市財政の財政力比較

大都市比較（表6・7参照）をみると、東京都特別区の特異性が目立つ、制度が違うので判断がむずかしいが、富裕団体であることには違いない。問題は大阪特別区が大阪市廃止・分割で特別区となっても、東京特別区には及ばないであろう。

第1に、財政力指数は、東京特別区は1.162と富裕団体であるが、財政システムが異なるので単純比較はできない。ただ基準財政需要額算定が、富裕都市ほど過小算定となっているので、割引して考えなければならない。

第2に、地方税比率でも東京特別区は、特別区財政調整システムが影響して悪い数値となっている。指定都市では横浜・名古屋市が40％台で高く、ついで大阪市が高い。

第3に、交付税比率は、横浜・名古屋・大阪市が低い指標となっている。交付税が低いことは、逆に自主財源が多く、基準財政収入額算入率との差20〜25％の歩留まりが、実質的に財政収入への貢献度が大きいことになるが、大都市では基準財政需要額の算定額が差額がみられるので、相殺され、実質的財政は苦しい。

第4に、国庫支出金比率は、大阪市が特に高いのは民生費の補助であり、普通建設比率が低いので建設費補助でない。今後の民生費の伸びが注目される。

　第5に、普通建設費比率は、大阪市が最低である。近年、歴代市長が減量経営を推進してきたので、土木費も25.4％が2018年度には11.0％に激減する異常な財政運営である。

　第6に、実質公債費比率は、交付税の財源対策策などもくわえて、実質的償還能力診断指標で「隠れ債務を炙りだす指標」であり、市町村では大半が18％未満である。

表6　大都市財政指標数値の比較

（単位 億円 %）

区　　分	札　幌	都区部	横　浜	名古屋	京　都	大　阪	神　戸	福　岡
歳　出　合　計	9,790	37,430	17,309	11,952	7,659	17,586	8,011	8,441
地　方　税　割　合	33.3	28.0	47.1	48.5	37.9	41.9	36.9	33.8
地方交付税割合	10.6	27.5	1.2	0.6	8.0	2.5	8.4	4.0
国庫支出金割合	22.3	16.5	17.0	16.5	19.0	22.5	18.8	18.6
普通建設費割合	11.0	13.0	13.6	10.0	10.6	6.9	10.9	9.6
積　　立　　金	619	19,963	362	441	407	2,261	541	685
地　方　債　現　在　高	10,711	4,833	23,790	14,104	13,447	19,063	10,957	12,110
企　業　等　繰　出　金	1,022	—	1,929	1,510	843	1,813	754	936
債　務　負　担　行　為	1,558	—	2,547	1,788	938	2,285	1,746	1,987

資料　総務省『市町村決算統計』（2018年度）

表7　大都市財政指標数値

（単位 億円 %）

区　分	札　幌	都区部	横　浜	名古屋	京　都	大　阪	神　戸	福　岡
財　政　力　指　数	0.73	1.162	0.97	0.99	0.80	0.93	0.80	0.89
経　常　収　支　比　率	95.6	79.1	97.7	98.0	97.7	96.9	99.1	91.9
実　質　的　収　支　比　率	1.0	6.1	0.5	0.8	0.1	0.1	0.5	2.4
公　債　費　負　担　比　率	14.1	2.6	14.7	15.8	17.2	22.1	18.2	18.9
実　質　公　債　費　比　率	2.2	1.6	11.2	9.4	11.4	4.2	5.7	11.0
将　来　負　担　比　率	57.3	12.5	138.5	118.2	191.2	46.4	71.0	123.2
ラ　ス　指　数	99.6	—	100.2	99.4	101.8	96.5	100.3	101.8

資料　総務省『市町村決算統計』（2018年度），なお東京区部財政力は『大都市比較統計年表』2017年度版。
　　　東京区部実質的公債比率は『特別区の統計』2010年度版。

指定都市は良好で特別区はマイナスで、健全状況といえる。ただ京都・福岡・横浜市が公債費指標が高い。大阪市も公債負担比率が高い。

第7に、将来負担比率は、大阪市が最低であるが、地方債残高が大きいのに低い指標であるのは、人件費抑制・連結決算赤字額縮小などが、影響しているのではないか。

第8に、いずれにせよストック指標で注目すべきは、積立金・地方債現在額で、大阪市は積立金は高いが、同時に地方債残高も高い。特別区財政で憂慮されるのは、積立金が臨時支出で取りくずされ、市債償還が遅れる、最悪の財政運営が実施されないかである。

あとにみるように財政悪化の要因は、多種多様であり、2025年の特別区創設時にどうなっているか、予想がつかない。

第9に、マイナスの財政指標として、公営企業等への繰出金がある。かっては各都市とも公営交通の赤字補填になやまされたが、最近は様相がかわり健康保険財政への補填である。大阪市の繰出金は1,813億円と他都市比較ではおおくない。

他都市の比較でめだった繰出金をみると、横浜市は下水道449億円（大阪市293億円）、交通151億円（大阪市96億円）である。名古屋市も下水道345億円、交通365億円と多い。

注
（1）2018年度国庫支出金3,967億円（歳入構成比率22.5％）で、国庫負担金の内訳は福祉2,634億円、健康85億円、こども587億円、教育267億円、港湾11億円で、サービス関係が圧倒的に多い。国庫補助金は、福祉50億円、健康2億円、青少年97億円、教育58億円、住宅58億円、土木200億円と、土木が大きいが、国庫支出金全体では比率は低い。
（2）毎日新聞・2020.2.1。（3）～（5）同前・毎日新聞。（6）毎日新聞・2020.2.21。
（7）一般会計市債残高は、総務省「市町村決算統計」では1兆9,063億円であるが、第31回法定協議会資料2・財産－1頁では2兆6,909億円であり、後者を採用した。そ

れは表 4 では市債残高一般会計 1 兆 9,063 億円では、15 年均等償還として年 1,270 億円、金利 2％で 381 億億円で、公債支出は元利合計で 1,651 億円、市債償還額より 605 億円大幅な償還不足となるからである。

（8）特別区長会事務局『特別区財政の現状と課題』（2019 年 11 月 19 頁参照）。

（9）大阪市財政局『今後の財政収支概算（粗い試算）』（2020 年 3 月版）表紙。

（10）（11）同前 4 頁。

（12）積立金の推移をみると、2001 年度減債 30 億円、特定目的 1,033 億円であったが、2002 年減債 15 億円、特定 509 億円と激減している。2006 年度をみると、減債が増え 450 億円、特定 275 億円と減少している。2008 年には減債 374 億円、特定 766 億円増加している。2011 年度には減債 549 億円、特定 965 億円と特定目的が拡充されていった。2012 年度財政調整 1,191 億円、減債 426 億円、特定 270 億円、合計 1,887 億円と増額されている。2,018 年度財政調整 1,604 億円、特定 656 億円の合計 2,260 億円となっている。

（13）2018 年度財産収入 351 億円であるが、従来から財産収入額は大きく、2001 年度 351 億円、2002 年度 395 億円、2003 年度 642 億円、2004 年度 475 億円、2005 年度 449 億円であった。以後も巨額の歳入を確保していった。近年、2017 年度 264 億円、2018 年 273 億円である。横浜市 2017 年度 256 億円、2018 年度 364 億円と大きいが、近年の動向で 2015 年度以前は 100 億円台である。名古屋市は 2018 年度 62 億円、2017 年度 62 億円と多くない。なお大阪市財産収入の内容は、2018 年度財産貸付収入 118 億円、財政売却 121 億円、2017 年度財産貸付 114 億円、財産売却 108 億円である。財産貸付収入が多いのは、港湾事業に戦前からの海面埋立地を売却でなく、賃貸方式で運営したきた収入ではないか。

Ⅲ　特別区制度設計と
　　行財政構造の劣化

特別区財政は自主財源激減

　特別区財政の基本的システムは、法定協議会でまず一般財源ベースでの大阪市税・交付税を、特別区・大阪府でどう配分するかを決定しているが、一般の地方財政と大きく異なるシステムとなっている。

　ついで一般会計ベースでの配分となるが、基本的には事務配分に応じて、国庫支出金・使用料・財産収入・地方債などが、特別区・大阪府に分割される。財政規模は一般財源ベースと特定財源ベースで、それぞて 50％となる。

　第 1 の課題として、一般財源ベースの財源配分(2016 年度)をみてみると、特別区財政調整システム（**図 1** 参照）は、特別区自主財源比率は、わずか 30.63％と文字どうり 3 割自治で、大阪市財政（2016 年度）決算の一般財源ベースの大阪市税等 95.0％と比較して、3 分の 1 以下に激減している。

　第 1 に、大阪市全体でなく、一般財源ベースの大阪市税・交付税の特別区・大阪府の配分である。目的税 2 税・普通税 3 税・交付税が財源となるが、あとにみるように特別区合算方式という、独自の特例措置が適用される。

　第 2 に、目的税交付金は、目的税 2 税（都市計画税・事業所税）833 億円で、主として建設事業などの事務分担に対応して配分される。

　原案では過去 3 年間の平均値で、特別区 53％、大阪府 47％である。東京都の場合 2018 年で特別区 6％、東京都 94％である。大阪特別区が優遇されたのでなく、事務配分に比率に対応しての、配分に過ぎない。

　第 3 に、財政調整交付金の財源は、普通税 3 税（法人市町村民税・固定資産税・特別土地保有税）の合計 3,973 億円と、大阪市交付税 541 億円との合計 4,515 億円となっている。

　ただ 2016 年度大阪市交付税 329 億円、臨時財源補填債 555 億円の合計 884 億円であるが、大阪府交付税 342 億円の差し引き 542 億円を財政調整財源に充当したのである。

　この財源措置には問題が多い。1 つに、臨時財源補填債は起債認可にすぎず、交付税が支給されるのでなく、将来交付税で補填する見込みに

過ぎない。大阪府は本体の財政が大きいが、特別区財政は小規模であり、しかも77.9%、432億円もあり、形式的あるが特別区債が膨張し、財政運営を硬直化させる。

　2つに、これら一連の財政調整で財源は総動員されたのではない。大阪府は地方交付税大阪府分342億円、政令指定都市分の地方譲与税・宝くじ収益金265億円の合計607億円が見込まれる。一方、特別区は軽油引取税交付金120億円、自動車取得税交付金25億円、配当割交付金19億円、株式等譲渡所得割り交付金11億円、利子割交付金5億円合計180億円しかない。

　財政調整比率から大阪府の3.52倍、2,137億円の余裕財源がなければならない。しかも大阪府は、財政調整として大阪市交付税で補填され、しかも大阪府交付税として342億円を先取りしており、二重の財源補填の疑いがある。

　第4に、財政調整は事務配分8,602億円を特別区2,503事業、6,571億円、大阪府428事業、2,031億円の財源措置であるが、財政調整財源は交付税財源を増加しても、4,664億円で目的税交付金との合計で5,479億円で、事務配分8,602億円との差3,123億円の財源不足となる。

　特別区税2,362億円を追加しても761億円不足である。大阪府は2,031億円－交付金合計1,422億円＝589億円不足となるが、これらの財源不足は、一般会計ベースの残余の補助金・使用料などで補填される。

　気がかりなのは、事務配分事業の測定にあって、国庫支出金・使用料などの特定財源が十分に算入されたかである。配分比率は特別区78.3%、大阪府21.7%である。東京都では特別区55%、東京都45%である。

　第5に、目的税・財政調整交付金の合計5,348億円は、特別区3,977億円（74.36%）、大阪府1,371億円（25.64%）の配分となる。

　この比率は特別区・大阪府の事務配分比率でもあり、特別区は大阪市の事務を4分の3の引継ぎとなる。東京都では特別区46.79%、東京都53.21%で、大阪特別区は東京特別区と比較して、74.36%÷46.79%＝

1.59 倍の事務事業配分となる。

　東京都の数値をみると、普通 3 税は東京都 8,105 億円、特別区 9,907 億円、目的税交付金は東京都 3,352 億円、特別 3 億円で、合計は東京都 1 兆 1,457 億円、特別区 9,910 億円、財政調整システムで年度のズレで東京都 2017 年度、特別区 2015 年度である。

　第 6 に、一般会計ベース全体の自主財源比率を推計すると、まず特定財源 7,977 億円（2016 年度）を、事務配分比率の特別区 74.36％、大阪府 25.64％で配分すると、特別区 5,932 億円、大阪府 2,045 億円となる。

　この特別区特定財源 5,932 億円を、特定財源における自主財源（分担金・負担金、使用料・手数料、財産収入、寄付金・繰入金・繰越金・諸収入など）2,722 億円（34.1％）と、依存財源（国庫支出金・都道府県支出金・地方債など）5,255 億（65.9％）との比率で配分すると、特別区特定財源の自主財源 2,023 億円、依存財源 3,909 億円となる。

　一般財源の特別区自主財源 2,362 億円、依存財源（財政調整交付金）3,977 億円との合計特別区財源 1 兆 2,271 億円で、自主財源 4,385 億円（一般財源 2,362 億円＋特定財源 2,023 億円）、依存財源 7,886 億円（一般財源 3,977 億円＋特定財源 3,909 億円）で自主財源比率 35.73％と 3 分の 1 以下で、いずれにしても 3 割自治には変わりはない。

　第 7 に、大阪府は一般財源 1,371 億円、特定財源 2,045 億円の合計 3,415 億円を、事務配分の財源として確保したことになる。

　大阪府の配分は少ないようであるが、旧大阪市が支払う事業分担金の類で、2018 年度本来の大阪府の府税 1 兆 2,778 億円、譲与税 1,565 億円、交付税 2,397 億円、一般財源合計 1 兆 7,739 億円がある。

　したがって大阪市から引継事業費が、かりに十分ではないとしても、全体の財源が大きいので、融通が利く金額である。

　第 8 に、財政調整における最大の欠陥は、特別区の自主財源比率が 30％しかない点である。財政調整があるといっても、財政運営の主導権が大阪府に握られ、特別区の財政自立性がきわめて小さい。しかも財政調整財

源が、地方交付税のように潤沢でない。

　東京特別区の設置にあって、東京都と異なる独自の配分をするとの方針であったが、特別区間の財政力格差是正を重要視し、調整財源に固定資産税をふくめているが、特別区にとって固定資産税喪失は、行政運営にあって大きな支障となる。

　大阪特別区では無理をして、4区制という大規模区として、財政力格差を極小にしており、財政調整は固定資産税を特別区税にしても問題はないはずで、富裕団体の東京特別区制のシステムを模倣する必要はない。

　かりに固定資産税2,750億円を特別区税とすると、特別区税5,112億円、自主財源比率66.4%となる。

　財政調整財源は2,750億円減少で、1,765億円になる。特別区78.3%、大阪府21.7%で配分すると、特別区1,377億円、大阪府388億円となる。特別区は既存配分システムより、598億円ふえ6,937億円、大阪府は598億円が減少し773億円となる。

　問題は財政調整財源が不足するが、基準財政需要額の算入率を引き下げる、政治的決着ができるかである。考えてみれば大阪府は府政充実を図っていくが、自己財源の持ちだしはなく、特別区税・交付金の財政調整交付

図1　大阪市税の府区配分状況

（2016年度）

大阪市市税	内　　訳		大阪府・特別区財源
目　的　税 （府財源）	都市計画税560億円 事業所税273億円	目的税交付金 合計833億円	大阪府391億円（47%） 特別区441億円（53%）
普通税・市交付税 （調整財源）	法人市民税1,224億円 固定資産税2,750億円 交付税等541億円	財政調整財源 合計4,515億円	府財政調整額1,031億円 特別区財政調整額3,633億円 （府22.1%・特別区77.9%）
特　別　区 （自主税源）	個人市民税1,465億円 市町村たばこ税301億円 地方消費税交付金596億	特別区自主税源 合計2,362億円	特別区税2,362億円 （自主財源30.6%）

注　財政調整財源不足149億円（区98億円・府51億円）は、特別区・府で補填。
資料　第31回大都市制度（特別区設置）協議会（2019年12月26日）資料「財政調整」財政14頁参照

金で負担されている。さらに債権債務もプラス 2.7 兆円で、良いことづくめである。財政調整の過不足は、先にみた余剰財源（大阪府 607 億円・特別区 180 億円）を、財政調整財源化すべきである。

　それでも**図 1** の財源配分にあって、特別区の財政調整不足は 98 億円もあり、自主財源の強化が必要である。

財政調整で紛糾続発

　第 2 の課題として、財源配分・財政調整の問題点をみてみる。第 1 に、財政調整は、その前提となる事務事業配分への財源補填である。先にみたように事務事業配分は大阪市の 2,931 事務事業とその所要一般財源 8,602 億円を、特別区 2,503 事務事業、所要財源 6,571 億円、大阪府 428 事務事業、所要財源 2,031 億円が配分査定されている。

　問題は事務事業内容は、特別区が生活サービス、大阪府が建設事業が中心で、交付税・補助金の補填では、大阪府が有利である。ことに生活サービスでは、政府支援対象外の単独事業が発生が多くみられる。

　第 2 に、財政調整の運用については、経理はすべて「財政調整特別会計」で行い、大阪府への配分も、同会計を経由して処理され、直接府一般会計へ、繰出すなどの手法はしない。政府の地方交付税の同様で、地方交付税は制度的には、地方自治体の財源を政府が配分しているので、管理運営は特別会計で処理するのが当然である。

　要するに財政調整財源（普通税 3 税）、目的税 2 税は直接的に同会計で管理する。なお調整財源不足が発生した場合は、大阪府が管理する基金で、大阪府・特別区税協議会（仮称）で処理するとされているが、財源不足処理の主導権は、大阪府にあるので、特別区の財政自主性は府によって脅かされる状況になるであろう。

　問題は地方債償還も財政調整基金での負担となっているが、1,600 億円という比較的多い基金であるが、すべてに対応できるだけの金額ではない。

　第 3 に、財政調整は、その前提となる事務事業配分への財源補填である。

かりに適正になされたとして、その後の配分率の引上げ・引下げが適時行われるかどうかである。東京都・特別区でも毎年争点となり、1965年度25％から2007年度55％に上昇している。大阪府・特別区は、貧困団体で財政調整財源とて余裕はなく、財源補填機能が発揮できるがどうかである。すでに特別区へ4分の3を配分しており、残額はきわめて少ない。

　第4に、財政調整交付金の配分をめぐっては、無数の懸案がある。事務事業配分額で配分されているが、個別事業で国庫補助率とか、交付税算定度合とかに格差がある。民生費の伸びが大きく、国庫負担金・補助金も拡充されいるが、実際は追い付かない。

　一般には自主事業比率が高い特別区が、実質的財源負担で不利となる。したがって毎年、目的税・財政調整交付金の府・区の配分比率をみなおす必要がある。[1]

　第5に、財政調整交付金の配分方法は、地方交付税に準じた算出・算定方式で行われる。地方交付税の配分基準も複雑であるが、特別区・大阪府という特別利害関係間だけの配分であり、補正係数1つをみても、交付金への影響は大きい。また4特別区間も財政力調整をなしたといっても、財政力格差があり、どう補正していくのか、紛糾の種はつきない。

　第6に、特殊問題として、公債費（既発債）4兆4,567億円の償還問題がある。準公営企業・公営企業は交通以外は大阪府で区分ははっきりしている。

　問題は一般会計・政令等会計3兆707億円である。大阪府が一元化し承継していくが、特別区は償還負担金を大阪府に支出し、その財源は財政調整財源および目的税2税によって財源手当をするとなっている。

　この公債残高3兆707億円を、事務配分率の特別区74.36％、大阪府25.64％で配分すると、特別区2兆2,834億円、大阪府7,873億円の未償還債となる。[2]

　内訳をみると、都市づくりでも特別区8,108億円、大阪府6,457億円と意外に特別区がおおい。港湾は大阪府1,628億円、特別区ゼロであるが、

住宅は特別区 2,119 億円、大阪府ゼロとなる。しかし、府営住宅の償還能力は港湾より貧弱で、特別区は不利である。

　この点、事業別償還能力を査定し、減額補正などをするべきであるが、公債償還をめぐる利害もあり、厄介な問題である。

　なお一般会計・政令等会計特別区債残高 2016 年度 2.28 兆円の一般会計分 87.6％、1 兆 9,997 億円を 15 年償還とすると、特別区税単年度 1,333 億円となるが、副首都推進局の「財政シミュレーション推計」(**表 17** 参照)では 2025 年度公債 1,079 億円（利子推計 400 億円）で、約 654 億円の算入額不足で、財政調整基金 1,600 億円は 2.4 年でゼロになる。

過度な特別区財政力格差是正

　財政調整問題は、大阪府市間の配分だけでなく、4 特別区の財政力格差是正が問題となる。副首都推進局の試算では、特別区財政調整状況(**表 8・9** 参照)は、ほぼ完全に調整されている。

　しかし、国の地方交付税・東京特別区の財政調整をみても、かなり格差があっても財政調整は強力で格差是正が可能で、財政面からは 4 区制までして、調整の完璧を期する必要はなかった。

　第 1 に、一般財源ベースの財政調整率(**表 8** 参照)をみると、特別区の税等自主財源の歳入合計に対する比率は、淀川区 35.65％、北区 44.94％、中央区 37.67％、天王寺区 35.41％、平均 38.42％で、天王寺区と北区とでは 9.53％との差がある。

　1 人当り金額(**表 9** 参照)でも、北区 10 万 134 円、淀川区 8 万 3,491 円と 1 万 6,643 円の差(19.93％)となっている。

　第 2 に、目的税・財政調整・臨時財政対策債の財政調額合計をみると、淀川区 898.23 億円、北区 919.10 億円、中央区 1,154.02 億円、天王寺区 105.09 億円、全区では 3,976.44 億円となる。当然、財政調整額は特別区税より大きい。1 人当り調整額は、淀川区 15 万 732 円、北区 12 万 2,659 円、中央区 16 万 2,651 円、天王寺区 15 万 7,920 円である。

第3に、調整後の1人当り歳入額でも、北区22万2,793円、淀川区23万3,552円と特別区税で最高の北区と最低の淀川区が逆転し、淀川区が4.83％と高くなり、調整前との合計21.86％の調整率となる。

比較的富裕である中央区は、財政調整後最高の24万4,504円となったが、特別区税で最低の淀川区との差は17.7％で、財政調整後の差11.4％とあまり縮小していない。むしろ北区と中央区は、特別区税で1.9％の差であったが、調整後17.0％と最大の格差となり逆転している。

特別区税で最高の北区が調整後最低となっているが、交付金算定過程で、どのような調整措置を適用したのか、過剰調整ではないか。

各区で基準財政需要額が異なるので、財政力格差があって当然であるが、北区が最低という財政調整は、扶助費の算定に対する、昼間人口による財

表8　財政調整指標の状況（2016年度決算ベース）

（単位 百万円）

区　分	特別区税等 自主財源	目　的　税 交　付　金	財政調整 交　付　金	臨時財政 対　策　債	歳入合計	基準財政 需　要　額	裁量経費
淀　川　区	49,753	10,638	71,426	7,759	139,576	118,808	20,768
北　　　区	75,030	11,573	72,453	7,883	166,940	142,422	24,518
中　央　区	69,742	11,926	93,233	10,244	185,146	160,304	24,841
天　王　寺　区	55,107	9,981	81,494	9,034	155,616	135,647	19,969
合　計	249,632	44,118	318,606	34,921	647,278	557,181	90,097

資料　第31回大都市制度（特別区設置）協議会（2019年12月26日）資料「財政調整」財政29頁参照

表9　人口1人当り財政調整指標（2016年度決算ベース）

（単位 円/人）

区　分	国勢人口 2015年	特別区税	目　的　税 交　付　金	財　政　調　整 交　付　金	臨　時　財　政 対　策　債	歳入合計
淀　川　区	595,912	83,491	17,851	119,860	13,021	234,223
北　　　区	749,303	100,134	15,445	96,694	10,521	222,793
中　央　区	709,516	98,295	16,809	131,404	14,438	260,946
天　王　寺　区	636,454	86,584	15,683	128,043	14,195	244,504
合　計	2,691,185	92,759	16,394	118,389	12,976	240,518

資料　第14回大都市制度（特別区設置）協議会（2018年8月24日）資料「財政調整」財政30頁参照

政需要額算定に過不足があるのではないか。

　第4に、特別区財政力格差に、あまり神経質になることはない。そもそも地方交付税の財政需要は、富裕団体にきびしいが、富裕団体は用地費が高いなど、行政コストがふえるが、交付税の需要算定では算入されていない。

　したがって財政調整率は高いのは、かえって財政力格差を助長する。しかし、4区の財政調整をめぐる交渉は、府・特別区だけでなく、特別区間の結束力破のアキレス腱となりかねない恐れもある。

　大阪特別区設置にあって、財政調整は特別区・大阪府の財源配分に重点がおかれいるが、大阪市をベースに考えれば、固定資産税は特別区の税源となし、自主財源を拡大し、財政調整財源を抑制し、財政調整機能を縮小するのが、本来の適正な財政調整になるのではないか。

　第5に、大阪特別区の財政調整は、まず基準財政需要額の格差を縮小するため、無理をして4区制としたが、基準財政需要額の格差是正は、それほど困難な財政操作でない。むしろ財政需要額に格差があるのは当然として、残余の補填として財政調整を利用すべきで、全国的にみれば極端な財政力格差も、市町村の交付税方式で補填されている。

水道・消防欠落で特別区総合行政破綻

　第3の課題として、事務配分の処理をみてみると、大阪市廃止で広域大阪府をつくり、広域行政を充実する。一方で大阪市分割で4特別区を設置し、地域行政の総合化を形成する。

　しかし、この事務配分の基本的目的は、矛盾の選択である。実際、大阪府が大阪市の水道・消防を分担し、広域行政を拡充すれば、特別区の生活行政総合化は阻害される。水道・消防が欠落した特別区政は、どうみても不完全な行政となる。

　重要なポイントは、事務配分の実効性である。大阪府の広域行政と特別区の生活行政の視点からみて、どちらが配分結果が、より大きな実益をも

たらすかである。

　結果は大阪府の広域行政にあって、水道・消防行政が欠落しても、なんらの支障はないが、特別区の生活行政の総合化にあっては、致命的阻害要素となる。現状の配分は、明かに特別区の犠牲による、大阪府の事業・権限の拡充である。

　第1の論点は、事務事業配分の方針・実態である。事務配分の法定協議会の方針をみてみる。特別区は「住民に身近な事務は、"基礎自治体優先"の原則のもとに、特別区が実施」とされている。

　「承継の方針」[3] として「大阪府及び大阪市が蓄積してきた行政のノウハウ、高度できめ細かな住民サービスを低下させないよう、大阪府および大阪市は適正に事務を引継ぐ」[4] とされている。しかし、肝心のノウハウは、事務事業そのものが分断されれば、十分に実益をともなって引き継がれないであろう。

　また「特別区設置の際は、大阪市が実施してきた特色ある住民サービスについては、その内容や水準を維持するものとする」[5] とのべているが、財政調整をしても不可能なことは歴然としており、このような原則が付記されること自体が、逆に特別区生活行政の崩壊を危惧している証拠ともいえる。

　大阪府は「特別区を包括する新たなる広域自治体として、大阪全体の成長、都市の発展、安全安心に関わる事務などを実施」[6] するとなっている。しかし、グレイゾーンが広く、府の広域行政は限定されていない。

　水道・消防は大阪市の事業を引きつぐが、周辺市町村と連合した広域事業体が形成されるのでなく、単なる大阪市事業の大阪府事業化に過ぎない。

　広域行政としての実態はなく、特別区の総合行政の破壊そのものである。単に東京特別区が、消防・水道を分担していないからとして、その模倣から大阪府の行政としたといえるが、特別区設置の歴史・背景はまったく異なる。

　具体的配分をみると、第1に、財源配分でみたように、大阪市の 2,931 事務事業を、特別区 2,503 事務事業、6,571 億円、大阪府 428 事務事業

2,031 億円となる。

　問題は事務事業の量でなく内容である。府県・市町村の事務事業配分は、府県行政の広域・専門・調整・補完機能の拡充と、同時に特別区税の生活行政の総合・水準・実効性の拡充との、二律背反の事態となる。

　考えてみれば、大阪府は広域行政をふくめて、府行政を実施する行財政機能は、すでに十分に保有しており、大阪市の水道・交通・研究機関を、府へ移管する必然性はきわめて低いが、特別区にとっては死活問題である。

　実際の配分では行政力学によって、府県が取捨選択し、大阪府有利の配分となっている。港湾・大学はともかく、水道・消防は特別区の生活行政にとって、府県化は致命的打撃となる。しかも大阪市が運営してきた事業であり、特別区が運営できないことはない。

　第2に、府県の補完機能として、専門研究・調査機能の府統合をすすめているが、特別区は人口70万人で中核都市以上であり、大都市行政の性質からみて、研究機関は不可欠で、専門研究機能が欠落した、生活行政は成立しえない。大阪府が広域行政の統合・効率の名目で、特別区の研究機能を否定するのは、府県の生活行政軽視の表れである。

　第3に、事務事業配分は、広域行政一元化に名をかりて、原則なき配分となっている。特別区が保健所・建築基準行政を分担できるのが、せめてもの救いであるが、水道・消防行政は大阪市内だけで、広域行政の実態がないが、広域大阪府の配分となっている。

　実際問題として港湾でも、どれだけ広域行政の実績があげられるかが疑問である。貿易港と工業港が同一管理下におかれても、地理的に離れた、異種機能で統合もできなく、多くの事業が中二階の府行政にはなじまない。

　第4に、大阪府は特別区を、住民サービスを目的とする行政機関とみなし、中核市を上回る自治体として処遇していない。その卑近な事例が、府営公営住宅の特別区化であり、市立高校の府県化である。あきらかに大阪府より一段低い自治体とみなしている。

　特別区は、権限・財源にくわえて、事務事業でも水道・消防・課税事務

などがなくなり、さらに政令指定都市のおおくの特例・権限・財源を喪失し、大阪府の指導・許認可の介入を余儀なくされる。

　これでは臨機応変の行政サービスができない。中核市どころか、町村以下の自治体に転落してしまう。

　第5に、水道行政はかって橋下府知事当時、大阪市水道と府下市町村水道を統合を試み失敗した改革であるが、大阪市民にとしては、黒字事業と赤字事業の統合で、料金引上げ・サービス低下・施設整備先送りなど、マイナスが避けられない。しかも広域経営でのメリットも疑わしい。

　生活サービスの総合化は、行政サービスの提供だけでなく、大阪市民の利益をまもる使命もある。都市魅力として、多くの文化・観光施設が大阪府に移管されるが、特別区に都市魅力が不要でないだけでなく、大阪市民の財産であり、特別区が可能最大限に引き継ぐべきである。

　水道は水源開発は府県事務であるが、供給サービスは生活サービスで市町村事務である。水道は一部事務組合で対応可能である。兵庫県では阪神水道企業庁は、神戸・尼崎・西宮・芦屋の一部事務組合で、連合すれば水源開発でも可能である。

　第6に、特別区の総合行政からみて、保健所行政は分担するが病院がなく、研究調査機関もなくては行政はできない。生活サービスは、生活保護・児童相談所・小学校行政など、網羅的対応でなければならない。

　広域行政というならば、専門病院が府県で、一般総合病院は市町村が原則で、兵庫県では分担ができている。伝染病対策だけでなく、すべての保健行政で支障がでてくる。

　大阪府から特別区への事務移管は、府営住宅・旅券発行事務などであるが、ある程度合理性はある。地域性を口実に特別区化しているが、水道・消防になると、突然、広域性を主張している。港湾・大学は市民サービスとの関連性は薄いが、水道・消防は生活行政との関連は深い。

　固定資産税事務は、法人市民税とことなり地域密着型の課税・収税事務で、現地総合性の希薄な府が実施となると、建築基準行政は区政であり、

課税コストの肥大化は避けられない。

　せめて都市自治体が、戦前の分賦制のように、府県税を課税・徴収して、府県に納付するシステムを導入すべきである。

　第7に、万博（誘致）は府、万博（機運醸成）は特別区では、特別区は雑用の下請けではないか。ところが廃棄物行政は、収集だけでなく処理事業も特別区であり、処理施設は立地条件からみても、府行政でもおかしくない。

　消防・水道でも府行政としておきながら、廃棄物処理センターなど広域的立地調整が、必要な事業を特別区の負担とし、広域的対応が必要でない消防などは大阪府としているが、対応困難な事業を特別区に押し付けている、事業配分ともいえる。

　特別区は大阪府の下部組織ではない。東京特別区の2019年度支出項目に消防費の項目があり、364億円の支出がなされているが、消防行政でなく、防災対策とかである。消防行政・防災事業が東京都では、市民啓発・地域防災施策などは特別区となっているが、特別区としては具体的事業・権限はなく、実効性があがらないのではないか。

　第8に、行財政問題としては、事務事業配分・財政調整査定にあって、気がかりは事務事業の成長性・政府支援措置・収益性などである。

　法定協議会の事務分担資料をみても、事務事業配分にあっては、個別事業にわたって精査されているが、全体の事業費のみで、個別事業の財政収支・積算資料は添付されているとしても、算定の妥当性について精査するのは不可能である。

表10　特別区・大阪府の事務事業配分

現行事務配分	特別区設置後	補　足　説　明	具体的事務
大阪市事務2,923事務	特別区2,412事（大阪府から8事務承継）	各特別区実施2,245事務共同実施167事務	建築基準法関係・開発指導1級河川の一部・児童相談所
大阪府事務1,669事務	大阪府2,089事務（大阪市から428事務承継）	廃止事務91事務	港湾・下水道・消防・大学

資料　第31回大都市制度(特別区設置)協議会(2019年12月20日)資料「特別区(東案)」事務5頁参照。

港湾・水道と小学校・福祉施設とでは、予算額は同額であっても、一般財源負担はかなり差がある。移管事務に対応して財政調整もなされているので、きわめて重要な課題である。

さらに深刻な問題は、都市再開発事業などは大阪府事業として、財政調整がなされているが、事業実績配分でなく、大阪市内再投資される保証はない。

一部事務組合の乱立への対応策

第2の論点は、事務配分と特別区の執行体制である。特別区の行政執行システムの致命的欠陥は、大阪市行政を4特別区に分割して、処理する分割システムとなる点である。たとえば住民登録事務でも、窓口業務は各区で対応するにしても、情報処理は一体化した方が効率的である。

要するに生活行政が分割方式では処理できず、処理できてもきわめて非効率的処理となるので、一部事務組合方式が導入されている。しかし、大阪特別区では、無数の一部事務組合方式となっており問題がある。

第1に、大阪市の事務事業は、大半は特別区に配分されるが、4特別区が単独で個別に分担することが、不都合な事務事業は一部事務組合（**表10**参照）を設立し対応するとしている。

東京特別区では、一部事務組合は、人事・厚生事務組合、特別区競馬組合、東京23区清掃一部事務組合、東京23区清掃協議会、東京都後期高齢者広域連合、臨海部広域斎場組合の7組合だけである。大阪特別区ではあまりにも巨大な一部事務組合（指定管理者委託）などが設置されることになる。

第2に、このような一部事務組合の設立について、「ほかに例をみない『マンモス一部事務組合』」（木村収）と、批判されている。「『一部事務組合』がこれほど肥大化するのであれば、そもそも一体何のために分割するのか」「『一部事務組合』で行政サービスレベルは低下する。特別区を分割すれば、行政が効率化するどころか、余分にコストがかかってしまう」[7] といわれている。

　ことに介護保険事業が「特別区とは別の独立した特別区地方公共団体である一部事務組合へ『丸投げ』されている」[8]と問題視されている。

　第3に、一部事務組合の乱立を防ぐには、アメリカのシティー・マネージャー制度の採用によって、整理・統合をすすめることである。

　想定される一部事務組合は、情報・保険・福祉制度・一般施設の4組合で、水道・消防が移管されれば、水道は阪神水道企業庁があるので参考にすればよく、消防庁・港湾企業庁とすればよい。シティー・マネージャーは特別区協議会で選任すればよい。

　第4に、行財政問題としては，事務事業配分・財政調整査定にあって、気がかりは事務事業の成長性・政府支援措置・収益性などである。法定協議会の事務分担資料をみても、事務事業配分にあっては、個別事業にわたて精査されているが、全体の事業費のみで、個別事業の財政収支・積算資料は添付されているとしても、算定の妥当性について精査するのは不可能である。

　港湾・水道と小学校・福祉施設とでは、予算額は同額であっても、一般財源負担はかなり差がある。移管事務に対応して財政調整もなされているので、きわめて重要な課題である。

表11　一部事務組合の事業配分・職員配置状況

部　　門	事　務　内　容	職員数
福　祉　部　門	介護保険事業（特別会計）※窓口サービスは区役所で 福祉施設（直営施設）阿武山学園・長谷川羽曳野学園 　　　（指定管理施設）弘済みらい園・弘のぞみ園等 民間の児童養護施設・生活保護施設の認可・利用調整等	100
市　民　利　用 施　設　等　部　門	市民利用施設（指定管理施設）こども文化センター・青少年センター 動物管理センター・斎場霊園	20
情　報　管　理　部　門	住民情報牽系システム	100
総　務　・　財　産 管　理　部　門	総務部門；総務・会計・監査事務 財産管理部門；処分検討地等	60
総　　　　　　　　計		310

資料　第31回法定協議会資料1・組織－17頁。

職員配分は減員気味

　第4の課題が、職員配分である。職員は多いと財政負担となるが、それは特別区設立後の問題で、特別区創設時は職員数も勘案して財源配分がなされるので、職員数の確保は重要である。

　配置職員数は、中核市（大阪府近隣6市）を参考にして、中核市を上回る事務事業や大阪市の特別性を考え加算している、しかし、比較すべきは東京都特別区ではないか。特別区設置という特殊要素を考えて、職員数（**表12**参照）をみてみる。

　第1の論点として、特別区・大阪府の職員配分をみてみる。第1に、2016年現在の職員数は、3万1,610人で、市長部局1万3,120人で、うち1,950人が広域一元化で大阪府へ移管となる。

　第2に、特別区には1万1,170人、その他として、一般廃棄物1,930人、保育所1,120人、学校（義務教育・幼稚園）1,960人、弘済院110人の合計5,120人である。大阪府へは知事部局1,950人、水道1,490人、学校（高等学校）1,300人、消防3,490人、下水道・博物館・環境科学研究所1,280人（変動あり）の合計9,510人である。なお交通5,810人は民営化となる。

　人員配分からみると、主要事業を分担する大阪府の人員は、特別区の1.48倍である。特別区は特別区人員1万1,170人で辛うじて面目をたも

表12　特別区・大阪府の職員数配置状況

(単位 人)

現行職員数	特別区設置後	備　　　考
大阪市市長部局 13,120人 公営企業・教育など 18,490人 合計 31,610人	特別区職員数 11,170人 廃棄物・保育・教育等 5,120人 合計 16,290	第1区 2,400人・第2区 2,840人・ 第3区 3,160人・第4区 2,640人・ 一部事務組合 320人
大阪府知事部局	知事部局 1,9501人，その他 7,560人 合計 9,510人	その他は消防・水道・高等学校など

注　大阪府知事部局から10人特別区へ、交通局5,810人は民営化。
資料　第31回大都市制度（特別区設置）協議会（2019年12月26日）資料「特別区（素案）組織4頁参照。

っているが、行政体制として空洞化がみられる。

　第3に、交通を除外した2万5,800人のうち、特別区など1万6,290人（63.14％）、大阪府9,510人（36.81％）で意外と大阪府が多い。職員数の減少は、災害救助・福祉サービス・感染病対策などで、支援動員人員の不足となり、行政実施能力が低下する。

　第4に、一般行政費でも、特別区は政令指定都市と異なり、大阪府の指導・監督行政をうける状況になるので、大阪府との連絡・交渉事務が膨大となる。さらに一部事務組合がおおく設立され、連絡・調整事務がふくらむ。

　第5に、扶助費・民生費増は、サービス行政として、職員数増加はさけれない。扶助費・児童相談所など増加、さらには特別区議会・特別区協議会などは相当数必要で、現時点の人員配分ではすまず、1割程度増加するのではないか。

　第2の論点として、特別区への職員配置をみてみる。特別区の職員配置は、中核市を基準として、中核市を上回った事務事業への加員、特別区ごとの特殊行政需要での増減となっている。

　第1に、特別区職員数配分は、中核市ではなく、東京都特別区をベースとすべきである。大阪特別区はかなり少ない。法定協議会資料は、「人口は行政における代表的な数値であり、住民にとっても行政需要と職員数の関連を実感しやすく、わかりやすい指標」、「自治体の職員数と人口との間には、高い相関関係がみられる」[9] としている。

　行政需要や人口といっても、昼間人口・生活保護数などの特殊要素が大きく影響するので、東京特別区の比較がもっとも妥当である。

　第2に、大阪4特別区に人口規模がちかい東京都4区を適用して、職員数比較（**表13**参照）をしてみると、大阪4区・東京4区の人口はほぼ同じであるが、職員数は東京特別区が1.37倍と多い。

　しかも都（府）と特別区の事務事業配分比率は、1.59倍で、東京都職員数1万4,247人×1.59倍＝2万2,653人で、大阪特別区職員数の2.30倍で、大阪特別区が東京特別区並みの職員配置をするには職員数1万

2,813 人の増員が必要となる。

表13　大阪・東京特別区職員数比較

区　分	人口 A	職員数 B	A／B	区　分	人口 C	職員数 D	C／B
淀川区	60万人	2,170人	276.5人	杉並区	57万人	3,009	189.4
北区	75万人	2,490人	301.2人	練馬区	73万人	4,146	176.0
中央区	71万人	2,820人	251.8人	大田区	73万人	3,888	187.8
天王寺区	64万人	2,360人	271.2人	足立区	69万人	3,204	215.4
合計	270万人	9,840人	273.4人	合計	272人	14,247	190.2

注　東京特別区人口・職員数は2019年
資料　法定協議会（2019年12月26日）資料1・組織－14頁，東京特別区協議会『特別区の統計』（2019年版）

大阪市の資産は大阪市民のもの

　第5の課題は、財産・債務の配分である。大阪市が保有する財産14.19兆円、債務5.09兆円（地方債4.46兆円、債務負担行為0.63兆円）で、差し引き純資産9.10兆円である。これらの債権・債務は、準公営企業は大阪府に、公営企業について地下鉄は民営化で外郭団体化され、残りは原則には事務事業配分に応じて、大阪府に配分されるとなっている。

　第1の論点として、法定協議会の承継ルールをみると、第1に、法定協議会では基本的原則として、「現在の大阪市の財産は、市民が長い歴史の中で築き上げてきた貴重なもの」であり、「財産は、必要な住民サービスを支え、生み出す基盤として、適切に承継していく必要」があるとしている。[10]

　個別原則として、「事務分担（案）に基づき、各特別区（一部事務組合含む）や大阪府に承継」「大阪市の財産は、その性格を踏まえ、財産の所在する特別区への承継を基本とし、大阪府への承継は、事務分担（案）により承継が必要となるものに限定」「大阪府へ承継される財産の事業終了後の取扱については、特別区に配分することを基本に、個々の財産の状況を踏まえ、大阪府・特別区協議会（仮称）で協議の上、決定」「行政財産・無体財産・普通財産等については、事務分担（案）に基づいて、各所在特別区（一部事務組合を含む）又は大阪府に承継」となっている。[11]

　第2に、債務について「債務負担行為は、議決を経た予算に基づき、債務を負担する」が、「確定債務は各事業と密接不可分であることから、事務分担（案）に基づいて、特別区（一部事務組合含む）又は大阪府に承継」とすることとし、偶発債務については「融資枠組みを維持するには、同等の与信能力のある者に承継する必要があるため、事務分担（案）に対応して承継すべきものを除き、大阪府に一元化して承継することを原則とする」としている。[12]

　第3に、地方債について「発行済みの大阪市債については、債権者保護の観点から、大阪府に一元化して承継して、償還することを基本とする」が、償還財源は財政調整財源・目的税・大阪市公債償還基金・公営企業等の負担金を充当するとしている。[13]

　第2の論点として、基本的配分原則をみると、安易にこのような承継方式採用に違和感をおぼえる。このような承継原則には、大阪市存続派としては納得しがたい点がある。

　第1に、大阪市の債権・債務は基本的には、大阪市を引きつぐ母体である、特別区に所属するものである。したがって大阪府は、あくまで外部の団体であり、資産は有償であり、大阪府の債権・債務の差引超過利得について、大阪府の財政調整財源で補填していくべきである。債務は特別区が償還する。あるいは清算事務を大阪府が承継するだけである。

　第2に、大阪府は破産管理人・企業分割執行者でもない。要するに特別区から事務事業の譲渡を受ける事業者に過ぎない。自治体における赤字団体の再建でも、北海道・夕張市をみても、あくまで夕張市が債権・債務の当事者で、融資の金融機関は参加しいない。

　大阪市を解体して、特別区と大阪府に分割するのではない。大阪市は特別区となり、その一部を大阪府に移譲するのである。戦前、東京都の成立は、東京府が東京市を全部承継し、特別区は従来から学区財政で、独立団体として市付加税を課税する独立団体であった。[14]したがって東京市をめぐる財産承継の問題は、発生しなかったのではないか。

第3に、行政財産は、事務事業配分で処理するが、普通財産については「行政執行への寄与は間接的市民が築いた財産であることを重視」との方針である。行政財産であっても、債権債務を精査して、大阪府への有償譲渡とすべきである。

　交通事業は民営化しており売却すれば、莫大な売却益が発生する。港湾・水道でも同様で、もし民営化で、売却すれば莫大な売却収入となる。府営公営住宅も同様で、特別区が廃止して、売却すれば用地代は、無視できない金額となる。

　特別区へは債権・債務を差引し、大阪府は特別区から有償譲渡をうけるべきである。ことに行政財産の用地は、特別区に帰属し、用途廃止すれば返還すべき契約を締結すべきである。

　第4に、債務負担行為について、確定債務は事務事業配分で決定される。しかし、偶発的債務について大阪府への承継を基本とする。地方債についても、大阪府承継で償還財源は財政調整財源等で負担となっている。

　大阪府・特別区協議会で決定するとしているが、原則は大阪府が財政調整財源での償還としているが、成立した特別区が財政調整財源で主導性をもって償還するルールとすべきである。特別区設置時に明確にすべきで、財政調整財源で大阪府が、承継する曖昧な状況にすべきでない。

　仮に配分事務は、財政調整財源を活用して処理するにしても、特別区・大阪府の配分結果は明確化すべきである。

　それは財産14.2兆円と債務5.1兆円の差9.1兆円がプラス資産となるが、この膨大な資産が行政改革として大阪府へ移管されるとすれば、特別区財政にとって由々しき事態となるからである。

　第5に、現在の承継システムの結果は、地方債は財政調整財源で償還するとすると、財産から債務負担行為を差し引きした額（**表14**参照）がプラス資産承継となり、特別区7兆6,685億円、大阪府1,987億円と、みせかけの配分はきわめて不都合な配分となる。

　また個別事業の資産・債務状況だけでなく、当該事業の事業収支などを

精査して配分するべきである。資産は余程の不良資産でないかぎり、特別区・大阪府の資産剰余は発生するはずで、十分に精査するべきである。

　ことに行政財産として教育・福祉施設などの行政財産を多く引きつぐ、特別区は不利であり、事業の収益性からみて補正すべきである。[15]

　財産・債務の承継の具体的問題は、事務局が精査して原案を作成して、大筋は決定されているが、懸案処理について大阪府・特別区協議会（仮称）できめるとされているが、両団体の利害が対立する問題であり、第三者委員会を設置し付議するシステムが必要である。

資産評価は名目でなく実質的評価を

　第6の課題が、債権・債務の評価・配分で全体資産・債務（**表15**参照）である。第1の論点は、資産配分である。第1に、会計別の移管区分で、一般会計は、事務配分におうじて大阪府で分割承継する。準公営企業の卸売市場・港営事業・下水道は大阪府、高速鉄道は特別区で新会社の株式は特別区が承継、自動車事業も特別区で大阪シティバス（株）の株式は特別区が一応承継。水道（工業をふくむ）事業は大阪府とする。

　一般会計・政令会計・準公営企業・公営企業が対象であるが、外郭団体などはどうするのかである。

　第2に、事務事業配分と同様に資産価値評価額だけでなく、行政財産についても、事業収入・補助金・使用料収入など、特定財源が多く、運営費がすくない収益的資産があるが、十分に配慮されているかである。

　第3に、行政財産は事務事業分担で配分する。問題は行政財産であっても、特別区は大阪市を母体する変更団体であるが、大阪府は解体して別団体であるならともかく、大阪府のままであり、建物はともかく用地は問題である。[16]

　第2の論点が、債務である。一般債務とか、債務負担行為とかは、事務事業配分におうじて負担配分されるが、発行済みの市債については、債権者保護の観点から、大阪府が一元管理し、財政調整財源で償還するとして

いる。

　第1の債務地方債についても、大阪府承継で償還財源は財政調整財源等で負担となっているが、特別区設置時点で、減債基金を積み増し、償還相当額を設置すべきである。

　管理協議会を創設し、特別区設置時に明確にすべきで、財政調整財源で大阪府が承継する曖昧な状況にすべきでない。もっとも減債基金が巨額であるので、特別区・大阪府が事務配分比率に応じて、年次で繰り入れする方式を採用するべきである。

　第2の偶発的債務について大阪府への承継を基本とする。「偶発債務については、一時期に多大な財政負担が生じ、財政運営に大きな影響を与える可能性がり、対応する財源をあらかじめ、大阪市財政調整基金のうち、財務リスク相当額を大阪府が承継」となっている。細部の処理については、大阪府・特別区協議会（仮称）できめるとなっている。⁽¹⁷⁾

　第3に、地方債で既発債4.46兆円のうち、一般会計・政令等会計3.07兆円もあり、かりに15年均等償還としても、年元本だけで2,047億円で、2016年度財政調整財源4,664億円の43.89％で、実質的財政調整財源は激減し、2,617億円しかない。ただ地方債で特別区・大阪府が新規に発行する地方債は、それぞれの判断と責任で発行・管理する。

　しかし、発行済みの大阪市債については、債権者保護の観点から、大阪府に一元化して承継し、償還財源は事務分担割合に応じた割合で負担し財政調整財源等で確保する。

　公債残高3兆698億円を事務配分比率の特別区74.36％、大阪府25.64％で分割すると、特別区2兆2,834億円、大阪府7,873億円となる。大阪府は大阪市債に関する公債管理を独立・明確化するため特別会計を新設するべきである。

　第4に、公営企業債として交通事業債は民営化したので、独立採算制の原則で償還方式を明確する必要がある。⁽¹⁸⁾ しかし、準公営企業の港湾事業債は財政調整基金での対応と、独立採算制の原則ではないが、港湾は

戦前から企業経営方式で運営され、事業を引きつぐ大阪府が有償譲渡方式
で引きつぐべきである。[19]

表 14　大阪市各会計の財産・債務の状況

会 計 区 分		財　産	債　　務	
			地　方　債	債務負担行為
一 般 会 計		10 兆 2,619 億円	2 兆 6,909 兆円	2,419 億円
政令等（10 会計）	国民健康保険・介護保険・高齢者医療・公債費など	5,193 億円	3,798 億円	15 億円
小 　 計		10 兆 7,812 億円	3 兆 707 億円	2,434 億円
準公営企業（3 会計）	中央卸売市場・港営事業・下水道事業	1 兆 5,431 億円	6,960 億円	2,283 億円
公営企業（4 会計）	自動車・地下鉄・水道・工業用水道	1 兆 8,634 億円	6,900 億円	1,608 億円
全会計合計		14 兆 1,877 億円	4 兆 4,567 億円	6,325 億円

資料　第 31 回大都市制度（特別区設置）協議会（2019 年 12 月 26 日）資料 2・財産－ 1 頁参照。

大阪府による大阪市財産の収奪

　第 7 の課題が、分割後の分析である。総資産・債務の分割は、法定協議
会の資料では掲載されていなく、一般会計・政令等会計（**表 14** 参照）だけ
である。もっとも膨大な財産目録を精査するのは可能であるが、事務当局
も作業はしていない。大筋、準公営企業は大阪府、公営企業は交通は民間
企業化、残る水道・工業用水は大阪府となるからである。

　第 1 に、特別区・大阪府の財産・債務の承継（**表 15** 参照）をみると、一
般会計・政令等会計の問題は、地方債は大阪府が財政調整財源で一括して
処理するとしているため、大阪府の債務が肥大化している。

　これを財政調整財源配分（目的税交付金含む）で、特別区 74.34％、大阪
府 25.64％で分割すると、地方債 3 兆 707 億円は特別区 2 兆 2,828 億円、
大阪府 7,873 億円となる。

　債権・債務の配分は、現案配分では、大阪府が地方債を全額負担するため、

特別区資産 7 兆 4,809 億円、債務（地方債・債務負担行為）1,876 億円の差引 7 兆 2,933 億円、大阪府は資産 3 兆 3,003 億円、債務 3 兆 1,016 億円、差引 1,987 億円しかならない。

　第 2 に、大阪府の債務は大きいが、財政調整財源で市債を形式的に償還するからで、修正案では、これを財政調整財源配分（目的税交付金含む）で、特別区 74.34 ％、大阪府 25.64 ％で分割すると、地方債 3 兆 707 億円は特別区 2 兆 2,828 億円、大阪府 7,873 億円となる。

　特別区資産 7 兆 4,809 億円、債務（地方債・債務負担行為）2 兆 4,704 億円の差引 5 兆 105 億円、大阪府は資産 3 兆 3,003 億円、債務 8,182 億円、差引 2 兆 4,821 億円となる。

　特別区は大阪市財産の 3 割を喪失し、大阪府は労せずして、2.5 兆円という巨額の資産を獲得したことになる。大阪府にとっては権限・財源・事業だけでなく、資産のふえる、きわめてうま味のある制度変更といえる。

　第 3 に、準公営企業の中央卸売市場・港営・下水事業は全部大阪府、公営企業は、交通は一応は特別区、水道は大阪府となる。港湾・下水道は国庫補助金・交付税補填もあり、負担は軽減される。

表 15　特別区・大阪府への財産・債務の承継

区　　　分	種　　　類	特別区（69.4%）	大阪府（30.6%）
財　　産 　10 兆 7,812 億円	土 地 建 物 等	7 兆 797 億円	2 兆 3,152 億円
	物　　　　　品	146 億円	865 億円
一般会計 　10 兆円 2,619 億円	株 式・出 資	1,244 億円	3,196 億円
	債　　　　　権	658 億円	805 億円
政令等会計	基 金・現 金	1,964 億円	4.984 億円
5,193 億円	合　　計	7 兆 4,809 億円（69.4%）	3 兆 3,003 億円（30.6%）
債務負担行為 2,434 億円 一般会計 2,419 億　政令会計 15 億		1,876 億円（77.1） ※その他（10.2）249 億円	309 億円（12.7%）
地方債 3 兆 707 億円 一般会計 2 兆 6,909 億, 政令 3,798 億		（0%）	全額（100%） 償還は財政調整財源・目的税

資料　第 9 回大都市制度（特別区設置）協議会（2019 年 12 月 26 日）資料「特別区（素案）財産 27 頁参照。

　問題は、水道は使用料という自己財源がある公営企業で、交通事業と同様に民営化を想定し、有償譲渡とすべきである。ただ交通事業は民営化さているが、その株式・配当などの帰属は必ずしも明確でない。[20]

　第4に、特別区にとっては、債権・債務の承継は、権限・財源・事業・資産の喪失となり、指定都市という特権的地位からも転落し、精神的打撃もきわめて大きものとなった。

　交通・電気事業という先人の努力の結晶というべき、地下鉄・バス・関西電力株式（電気事業）を承継できたのは、せめての成果であった。しかし、民営化された交通事業は、どれだけ特別区財政に貢献するか疑問である。

　第5に、このような事務・財源配分をみると、大阪市（特別区）は市税・権限・財源・事業だけでなく、ステイタス・品格も喪失する。気がかりなのは大阪府財政は、大阪市財政が緊縮型であるのに膨張型で、財政状況はかんばしくない。要するに大阪府は債務を膨らませながら、職員は高水準の給与を満喫し、大阪市には起債圧縮・人件費削減を強要している。

　財政力0.93の大阪市がラス指数94の低水準で、財政力0.79の大阪府がラス指数100.5で、高水準の給与は、どうみても腑に落ちない。

　2018年度の大阪府・大阪市財政を比較すると、大阪府は実質公債比率18.2％（大阪市4.2％）、将来負担比率173.8％（大阪市46.4％）、積立金3,019億円（大阪市2,260億円）、地方債残高5兆3,285億円（大阪市1兆9,063億円1）、地方税1兆2,778億円（大阪市7,374億円）である。

　大阪府は地方債残高が大きく、大阪市廃止による財源配分に便乗して、負債軽減を目論みかねない懸念が禁じえない。[21]

注

(1) 交付税の算定における問題が多くある。「社会保障費増に伴う地方交付税の増は、社会保障費の増大にともなう地方交付税の増額があっても、22.1％は大阪府の財源として配分され、特別区の財源として活用できない」（川嶋広稔『特別区素案の問題点および修正提案について』10頁）ので特別区は不利になる。要するに財政調整配分は、財

政需要額は支出額であるので問題はすくないが、基準財政収入額は、国庫補助・交付税・使用料などを、特定財源をどう計算するのかが問題となる。また大都市特例事務費は、大阪市廃止で自動的に大阪府事務となるので、事務移管でなく、大阪府の事務として大阪府税で負担すべきで、その財源としては特例措置として、譲与税・宝くじ収益金等が付与されているが問題である。川嶋広稔『特別区素案の問題点および修正提案について』12 頁参照、以下、川嶋・前掲「特別区素案の修正案」。

(2) 第 31 回法定協議会資料 2・財産－ 1 頁参照。

(3)（4）同前事務－ 2 頁。（5）同前・事務－ 26 頁。（6）同前・事務－ 3 頁。

(7) 藤井・前掲「日本破壊」125.126 頁。

(8) 木村収「『特別区設置協定書案』の検証」『市政研究』（2020 年春・207 号）50 頁。

(9) 第 31 回法定協議会資料 2・組織－ 9 頁。（10）～（12）同前財産－ 9 頁参照。

(13) 同前・財産－ 15 頁参照。

(14) 東京市・東京区の財政については、東京都財政史研究会『東京都財政史（中巻）』489・496 頁参照。

(15) 交通事業は民営化で独立したが、必ずしも特別区が承継した状況ではない。現在事業収益 300 億円の優良企業である。資産 1 兆 3,756 億円、債務 6,228 億円、差引純資産 7,528 億円となる。水道資産 4,669 億円、市債 1,787 億円、差引資産 2,882 億円、港湾資産 2,797 億円、市債 1,513 億円、差引資産 1,284 億円、下水道資産 1 兆 1,784 億円、市債 4,814 億円、差引資産 6,970 億円である。財産・市債差引では資産額が同じでも、実質的価値はことなる。下水道と港湾では下水道が 5.43 倍の純資産価値があるが、実際は港湾の方が経済価値は大きい。

(16) 行政財産の大阪府移管について、事業終了後は「これら財産は大阪市民が納めた税金で取得したものであることを踏まえれば、府において事業が終了すれば、速やかに特別区に返還されべきであるが、素案では『個々の財産の状況を踏まえて、協議会で協議・決定』とあり、特別区に財産が返還・配分されるとは限らない」（川嶋、前掲「特別区素案修正案」9 頁）のである。事業終了後、「無条件で特別区に財産が返還されないのであれば、特別区の設置に際しては、財産は有償で大阪府に移管すべきではないか」（同前 9 頁）といわれている。高等学校統廃合・美術館体育館廃止などで、跡地売却では売却代が大阪府にいくのは納得できないであろう。大阪市が小学校廃校地を売却し、財源補填財源としているが、移管財産では問題となる。

(17) 偶発債務について、リスク顕在債務は、阿倍野再開発事業 920 億円（2063 年度まで）は、大阪市債であるが、大阪府が一括して承継・償還する。オーク 2000 年（土地信託事業）は和解金 446 億円（利息 8 億円）、財政調整で各特別区が負担する。偶発債務で「今後債務発生」するものとして、（湊町開発センター）42 億円、衣斐ＡＴＣ（ア

　ジア太平洋トレードセンター）202億円、クリスタ長堀77億円はいずれも金融機関借入金で対応しているが、大阪府が承継するが、経営改善をすすめる。さらに国民健康保険累積赤字138億円は特別区が承継、バス事業資金不足178億円は民営化後の対応策とする。第31回法定協議会資料2・財産－21頁。

（18）高速鉄道事業の企業債（財政融資資金等）3,540億円、企業債（市場公募債等）481億円はいずれも交通局が銀行から一時借入金償還する。また一般会計の交通局への出資債・補助債481億円（財政融資資金等）は一般会計へ繰入金（企業債1,258億円）で償還する。また出資債補助金債（市場公募債等）は従来どうりの方式で償還する。バス事業の企業債38億円、一般会計借入金62億円は、高速鉄道事業会計へ資産を有償所管換えし、その収入で償還、不足する場合は、高速鉄道事業会計が負担となっている。前掲会資料2・財産－25頁。

（19）昭和18年度の港湾会計をみると、累積合計2億9,762万円で、国庫補助金2,334万円（構成比率7.8%）しなく、市税3,502万円（11.9%）、市債9,982万円、使用料・賃貸料1億1,140万円など、独立採算制で運営されてきたが、市税投入も大きく市民資産である。港湾事業資産2,797億円、債務1,513億円、差引1,284億円を有償譲渡となる。下水道とことなり民営化が可能で、埠頭用地などは売却可能用地となる。高寄昇三『近代日本都市経営史上巻』331～334頁参照、以下、高寄・前掲「都市経営史　上」。

（20）高速鉄道会社への現物出資1兆3,444億、交通局保有の関西電力株などで、大阪市交通政策基金を設置（2017年3月）しているが、普通財産等の承継ルールで特別区に承継することになっており、各区が約1,172億円保有するとなっているが、基金は高速鉄道会社の設備投資資金に充当するとされており、特別区へ配当が確実に収入として入金されるか曖昧である。また関西電力株も各区に約279億円保有しているが、各区が単独で売却できるのか、原則は可能であるが、何んらの拘束もないのかである。いずれにせよ特別区にとって虎の子の資産である。

（21）藤井・前掲「日本破壊」63~67頁参照。

IV　特別区再編成改革
　　誤算の連続

二重行政をめぐる不毛の論争

　大阪市廃止派は、特別区設置効果において誤算つづきであった。大阪維新は大阪都構想をいまでも提唱し、幻想を振りまいているが、大阪市が廃止されても大阪都成立でなく、強いて呼称すれば広域大阪府である。

　また特別区を中核市にし、ステイタスを高めようとしたが、多くの法令改正が必要で断念したままである。大阪都構想論争は、廃止派・存続派が同じ、土俵で政策論争することもなく、特別区合区の財政効果も、大阪市廃止派がみずから誇大効果を提唱し、廃止気運を盛り上げている。

　そのため副首都推進局の特別区財政の将来予測（**表17**参照）では、減量経営型のきびしい財政編成で、累積826億円黒字を算出となっている。しかし、財政局の大阪市将来予測（**表4**参照）では、977億円の赤字であり、特別区になれば財政が、突然、改善される不可解な結果となっている。

　今日では二重行政淘汰の効果だけでなく、広域行政・府市一元化でも、経費節減効果がないことは、歴然とした事実である。

　それでも大阪市廃止・分割効果は、特別区設置財政シミュレーション（**表19**参照）は、2025～2036年度11年間で、累計2,095億円黒字、年190億円効果と算出されている。

　特別区設置と無関係の数値での、嵩上げの偽装効果である。今日では二重行政淘汰の効果だけでなく、広域行政・府市一元化でも、経費節減効果がないことは、歴然とした事実である。

　第1の誤算として、二重行政淘汰の挫折をみてみる。二重行政解消の効果も、当初、2011年には年4,000億円の効果を見込んでいたが、2013年には年最大976億円に、2014年には年155億円（17年間累計2,634億円）まで圧縮された。最終的には年1億円にまで縮小していった。

　第1に、大阪市廃止で高等学校行政は、府に一元化されても、市立高校が府立高校となるだけで、廃校になるのではない。府市統合の公営住宅一元化も、府営住宅の廃止ではない。学校・公営住宅統合による、管理コス

ト軽減もごくわずかなものである。

大学は府立・市立大学が、巨費かけて 2022 年開学予定である。府市行政一元化の既成事実を形成していくつもりである。この施策は、2011 年大阪維新が、知事・市長ダブル選挙で公約にかかげ、広域行政の目新しいビジョンで、選挙民の関心を、引き付ける戦術であった。

橋下元知事が、年 100 億円を超える府交付金を疑問視して、二重行政解消の一環として効果は棚上げされ、大阪府市一元化の成果と看板が塗り替えられている。要するに改革テーマをあげ、選挙を有利に誘導するが、結果はテーマと全く異なっても、選挙に勝てば官軍という感じである。

今日の大阪府市行政一元化をみると、二重行政効果は諦め、大学統合などの府市一元化効果を目論み、事業公費拡大で二重行政による、財源捻出への公約違反への反省などはない。

第 2 に、府立・市立大学の統合で、全国公立大学としては全国 3 番目となったとしても、統合でどれほどの効果がでるのか怪しい。高度成長期のビッグプロジェクト再現の幻影をみる感がする。[1]

要するに万博・IRなども同様で、費用効果の分析も経済活動の乗数効果だけで、自治体サイドの費用は排除された分析である。要するにイベント行政感覚であるが、ビッグプロジェクトの効果は、一過性であまり大きくはない。

ことに地方団体は租税還元率が、府県・市町村とも 1.2 割で、準備費をふくめた関連経費は膨大である。大阪市廃止・分割も、この戦法の踏襲で、市民は十分に費用効果を判別する、データを与えられず、粉飾された成果だけで判断を迫られている。

第 3 に、二重行政廃止は、信用機構合併・研究所統合を効果としてあげているが、信用機構にしても、性格の異なる機構があるほうが、住民ニーズにそった対応ができる。阪神大震災でも、国・県・市にくわえ、多彩な民間金融機関が融資施策を展開した。

大都市では、複数の機関・施設で、住民ニーズへのきめ細な対応が、す

ぐれた選択である。研究機関でも、研究専門の機関と地域ニーズに応える研究機関があっても、二重とはならない。一般の中小企業にとって大学・府県の研究機関は敷居が高いが、市・区の専門機関なら気軽に対応できる。

　第4に、ひるがえって考えてみると、二重行政とは、本来の意味は文字どうり、官庁許認可行政の無用の重複事務である。阪神大震災の区画整理事業でも、国・県・市の許認可が必要であった。幹線道路をふくまない数ヘクタール土地区画整理事業は、政府の補助事業認可で十分で、あらためて政府・府県認可の必要性があるか疑問である。

　第5に、今後、大阪市廃止がきまると、特別区は指定都市の資格がなくなり、一般市町村であるため、正真正銘の二重行政としての、府認可事業は激増する、しかも4区制で単純でも大阪市の4倍となる。このような二重行政のロスは、年間数億円となるであろう。

　それは単に認可申請事務費増加だけでなく、許認可による事務事業実施がおくれ、迅速な効率的対応ができない、損失が大きい。

　かって自治体は、地方債は政府認可であったか、用地買収をし補助事業認可をうけ、人員も確保したが、地方債認可がおりないという、事態にしばしば見舞われ、巨額の損失をみてきた。

　第6に、大阪市廃止・分割は、この二重行政の弊害をさらに拡大再生産する、最悪の改革であることを、法定協議会でも議論し、損失額を積算していない。特別区設置の新庁舎整備といった、物理的損失が、積算されているだけである。

　本当の大阪分割の被害は、特別区政の行政効率低下である。たとえば施策・事業も分割方式では、地域サービスは対応できるが、新政策となると、専門・調査・実施能力の限界に直面する。

　偶発債務でも府区分を一括して、府が管理償還するとしているが、府自身が特別区能力を信用しておらず、特別区への評価をますます低下させている。大阪府は当初から信用していない。ある意味では債権・債務関係を曖昧なままで処理しておき、大阪府の特別区への支配権を温存させる意図

ともいえる。特別区創設までは年数あるので、大阪市が存続しているうちに、債権・債務関係は、可能最大限に明確化すべきである。

　特別区への変革については、東京特別区は、戦前、東京都制となったが、当時の区制がそのまま特別区となったので、実感をあまり意識していないが、指定都市が特別区に突如変貌となると、実質的な行政停滞・コストは、肥大化するだけでなく、行財政能力低下は、特別区政の実施の隘路となり、大阪市廃止・分割を、悔やまずにはおられないのではないか。

机上演習的な区制合区効果の算出

　第2の誤算として、特別区合区効果の崩壊をみてみる。大阪市廃止・特別区設置構想は、大阪市24区制を再編成で、行政コストが大幅に削減されると期待した。もちろん特別区設置の初期投資のコスト増はあるが、区数を半分の12区に、さらに9区・5区と区割りで減少すれば、当然、規模の利益が見込まれると、無理をして4区制となった。

　しかし、常識的にみて合区すれば、一般行政費は減少するはずである。しかし、減少しないのは単純な行政区の合併でなく、大阪市廃止による合区で、大阪市機能の分割・承継という複雑合区であるからである。合区で行政管理費、区長・議会費などは増加する。さらに市民の区役所への訪問コストも増加する。大阪維新にとっても、合区効果を算出を迫られた。

　大阪維新は、当時、特別区設置コストをめぐって、設置コスト増に苦慮し、合同庁舎方式で懸命に削減策を打ちだしていた。

　この削減効果を援護するため、2019年6月29日、嘉悦大学付属経営研究所の「大都市制度（総合区設置及び特別区設置）の経済効果に関する調査検討業務委託」報告書（以下、前掲「嘉悦報告書」）を、強引に法定協議会に提出した。[2]

　従来の効果予測が、行財政ベースの数値による推計であったが、視点を変えた計量経済学手法を駆使した推計で、10年間で1兆円もの途方もない効果を算出した。

　しかし、研究調査そのものが、規模の利益を安易に適用した、机上演習的測定で、多くの批判をあびた。合区効果があがらないのは、行政区の合区効果は、大阪市分割のマイナス効果で帳消しとなったからある。

　たとえば都市銀行を4つに分割するとして、本店機能は他都市銀行に移管する。しかし、本店機能がまったくない銀行は、存在不可能で、それぞれ本店機能をもつことになる。大家族を4家族に分割するのと同じである。常識的にみても、再編成効果があるはずはなかった。

　第1の論点として、「嘉悦報告書」の基本的問題は、計量経済学的分析をつうじて、大阪維新の大阪市廃止を、裏づけるための係数算出となっている。

　たとえば特別区制度の経済効果を提示しているが、行財政制度改革といった、地勢的制度的な要素がおおい分野の効果を、計量経済学的手法で測定するのは無理がある。

　第1に推論のベースは、都市規模と行政コスト分析である。人口30〜40万人前後都市が、1人当り行政費が最低で、大規模化すると逓増するという、従来からの分析である。

　戦前から過密過大都市に対する、非経済性の理論根拠となっていたが、都市規模拡大は行政需要も増加するので、1人当りコストも増加して当然である。

　第2の推論として、規模利益をベースした、特別区再編成効果（**表16** 参照）であるが、都市規模の1人当り行政費をベースにして、モデル1として4区方式を協議会資料から平成28年度予算で算定すると5,474億円。モデル2として、全国の同規模の歳出を『市町村決算状況調』などをベースとして歳出を設定して算出すると、4特別区理論値合計5,511億円（モデル1）としている。

　一方、大阪市区費の実績（公債費・扶助費除外）は、6,615億円であるから、その差はモデル1では、年間財政効率化効果額1,141億円で10年で1兆1,409億円となるとしている。

表 16　特別区歳出額シミュレーション

区　　　　　　分	人口 千人	面積 k㎡	モデル 1		モデル 2	
			1 人当歳出　円	歳出総額　千円	1 人当歳出　円	歳出総額　千円
第　　1　　区	595.9	67.2	208,407	124,192,300	209,885	125,073,148
第　　2　　区	749.3	48.5	200,380	150,145,244	201,676	151,116,603
第　　3　　区	709.5	65.3	208,680	148,061,903	210,143	149,100,110
第　　4　　区	636.5	44.2	196,458	125,036,367	197,704	125,829,759
4 特別区合計				547,435,814		551,119,619
大 阪 市 実 績 値				661,522,983		661,522,983
財 政 効 果 額				114,087,169		110,403,363

出典　嘉悦大学付属経営研究所『大都市制度（総合区設置及び特別区設置）の経済効果に関する調査検討
　　　業務委託』48 頁。

　たしかに 24 区制を 4 区制にしたのであるから、市町村合併と同様に行
政コストが減少するはずであるが、この調査は現実の 4 区制への事務事業・
機能再編成の分析でなく、単なるモデル数値の操作による積算に過ぎなか
った。

　実際の 4 区制統合の効果測定は、あとにみる法定協議会の試算（**表 18**
参照）で 2,095 億円となっているが、恣意的といえる強引な効果算出とな
っている。

疑問の多い「規模の利益」算出

　第 2 の論点として、ただこの推論には、おおくの疑問があった。第 1 に、
この差は、現在大阪市の特別区は 24 区で、1 区平均 11 万人強で、4 区方
式の 60 〜 70 万人に比較して、規模の利益が働くとの推論であろう。

　しかし、人口 70 万人となると、中核市以上の行政サービスが求められ、
4 区方式の財政規模は、膨張を余儀なくされる。

　報告書は中核市との財政規模を比較しているが、大阪・4 特別区の平均
は 67.2 万人で、東京都特別区では人口 67 万人では約 2,500 億円で、4
区合計報告書では 1 兆円（**表 16** 参照）で、2 倍以上になる。4 区合計 1 兆
円で事務配分補正 1.59 で 1 兆 5,900 億円となり、大阪特別区の 2.9 倍になる。

いずれにせよ大阪特別区では東京特別区水準の区政を実施する財政力はない⁽³⁾

　第2に、この調査結果について、一般常識からあまりにもかけ離れた、経済効果額に対して疑問が提示されたが、計量経済学者は「シミュレーション計算には誤りはない」との見解であったが、一般市民のみでなく、議員・学者からは、「机上演習的数値で、行政実態を反映していない」との批判があった。

　うがった見方をすれば、大阪維新の攪乱戦法であり、さらに改革のイメージ効果をねらった策謀とえる。実際、テレビでも計量経済学的方式も、行政実態計算方式もともに正しく誤っていないと、計算方式の相違として片付けられている。特別区の行財政実態からみても、掛け離れた数値は、計量経済的算出といっても、市民に誤解をあたえ、住民投票の判断を狂わす、重大な影響を及ぼすことを認識していたのであろうか。

　第3に、この推計計算の数値について、川嶋広稔法定協議会委員は、大阪市実績（平成28年度）は予算値であるが、4区特別区推計の理論値は決算値で、大阪市実績値は予算値で決算値では507億円減少する。

　しかも大阪市実績値には府移管事務事業費1,079億円がふくまれており、大阪市実績値6,615億円は5,029億円となり、4区理論値より445億円少なくなり、10年間では4,450億円の増加と批判されている。⁽⁴⁾

　実際、年400億円程度の損失が発生するのではないか。あとにみる市民の区役所への訪問決算案費用、4区の連絡調整事務、非政令指定都市化による府許認可事務、大阪市単独方式と4区分割方式の行政実施効率の格差など、さまざまのロス・デメリットが増殖される。

　本来、経済・生活圏が一体の団体を4分割すれば、政策形成能力・事業実施能力が低下するのは避けられない。

　第4に、実際、都市規模の推論も、個別状況では必ずしも一般的な原理としては、通用しない場合があり、計量経済学的シミュレーション方式を、過度に信頼するのは問題である。

大阪市の人口は横浜市より小さいが、規模の利益のマイナス効果が発生している。要するに都市構造・生活状況で、机上演習方式は通用しない。[5]

　第3の論点として、計量経済学的手法とか、行政サイドの作為的推計でなく、一般的常識的推計をみると、第1に、特別区の統合は、大規模化すれば、行政コストは低下するとしても、市民サイドの区役所への訪問コストは上昇する。市町村合併で、周辺町村の役場を廃止し、中小都市の本庁に集約すれば、自治体として合併効果は大きいが、住民サイドからは従来、下駄ばきでいけた窓口が、一日がかりの仕事となり、住民の経済損失はきわめて大きい。

　第2に、大阪特別区が24区が4区となるが、従来、往復30分・交通平均100円であったが、2時間・交通費平均300円、市民の1時間損失費1,000円とすると、年間4区役所へを訪問する市民を1日100人×250日×4区役所＝年間10万人となる。10万人×1,700円（交通費増加200円＋経済損失1500円）＝1億7,000万円となる。さらに旧区役所での支所方式導入などで、行政コストも減少しない。

　このような複眼的視点からみると、制度改革の効果はまったく異なる。行政改革とか都市経営とかで、投資乗数効果とか事業収益効果を強調するのは問題がある。

　第3に、大阪都への再編成のマイナス効果を、積上方式で試算する必要がある。さきの2011年の大都市事務局試算では、特別区設置の初期設備投資は約680億円とされ、後年にかけて逓減すると推計されている。理論的推計では誤りはないが、東京特別区・中核都市的需要の実績をみても、年々、増加するのではないか。

　また特別区機能の一部を、旧大阪市庁舎への統合が計画されているが、特別区と旧本庁舎との事務連絡コストが増加する。情報費を除外しても、100人（連絡職員）×1,000円（地下鉄・タクシー）×職員人件費1万円（3時間）＝10億円となる。

特別区財政は苦難の将来像

　第3の誤算として、特別区財政の将来推計（**表17**参照）をみてみる。特別区財政の輪郭が設定できたが、特別区財政はどうなっていくのか、事務局（副首都推進局）が、「特別区税設置における財政シミュレーション（一般財源ベース）」（2019年12月26日）を発表している。

　この推計は、一般会計ベースで、本来の大阪市財政の約半分程度であり、さらに大阪府移管分を差引くと、一般会計ベースの3分の1程度である。

　この財政推計は、市税増加分が100％地方交付税減少に反映されるケース1と、市税等増収分が75％しか反映されないケース2が試算されているが、ケース2が実態にちかいので、ケース2を検討していく、この試算には、あとにみるように行財政改革・組織改革・設置コストなどの効果は反映されていない。[6]

　第1に、2025年度から2036年度までの11年間で826億円黒字となる。しかし、市税・交付税が増加するが、歳出は人件費・公債費とも減少し、その他費も約200億円前後の増加でとどまっている。民政費の膨張をみても、この程度ですまない。

　第2に、大阪市財政局の「今後の財政収支概算」（2018年2月版）がベースとなっているが、歳入収支見込み（2018〜2029年度）は、全歳入項目が微増で、累積赤字977億円である。

　特別区は、大阪市財政の大半を引きつぐので、特別区財政に将来シミュレーションが826億円の黒字になるが、突然変異ともいうべき改革がなされない限り、ありえない現象である。

　しかも大阪市財政規模1兆7,700億円と比較すると、特別区財政6,517億円と、3分の1に圧縮されており、大阪市財政ベースでは黒字2,478億円という途方もない黒字となるが、977億円の赤字が、どうして2,478億円の黒字に変貌したのか、説明をしなければならないだろう。

　歳入の過大算定・歳出の過小算定が、おこなわれた疑いがみられる。さ

らにさきにみた建設老朽化にともなう、改修費年 640 億円などは算入されていないようで、大阪市ベースを特別区ベースに換算しても年 500 億円追加支出があり、12 年間で 6,000 億円の赤字が追加される。むしろ特別区破綻は現実味が濃厚となってくる。

第 3 に、歳出は人件費予測は、15 年後減額となっているが、さきの財政局将来推計でも同様である。正規職員の人件費は、過去の財政収支（**表 3** 参照）でも、ラスパイレス指数の低下などで抑制されているが、さらに非正規職員増加・民間委託などで抑制されてる。この傾向が反映されるが、正規職員人件費のこれ以上の抑制はむずかしい。

第 4 に、扶助費は算出されず、その他で処理されているが、過去の推移では 15 年間で 1.87 倍と驚異的増加である。

一方、投資的経費は 0.43 倍と激減している。2 項目の合計では 1.16 倍であるが、将来予測は 2025 ～ 2035 年の動向は投資的経費は、これ以上の減額は無理であるが、扶助費は伸びは鈍化するが、膨張はさけられず、

表 17　特別区財政収支シミュレーション

（単位　億円）

区分	歳出 A	人件費	公債費・財務リスク	その他	歳入 B	市税・譲与税・交付金	地方交付税・財政対策債	財政推計 B － A
2025	6,517	1,324	1,079	4,114	6,633	3,034	3,599	116
2026	6,551	1,282	1,136	4,133	6,674	3,080	3,594	123
2027	6,644	1,290	1,170	4,184	6,694	3,127	3,567	50
2028	6,678	1,290	1,203	4,185	6,694	3,127	3,567	16
2029	6,632	1,290	1,157	4,185	6,694	3,127	3,567	62
2030	6,629	1,290	1,154	4,185	6,694	3,127	3,567	65
2031	6,651	1,290	1,177	4,185	6,694	3,127	3,567	43
2032	6,625	1,290	1,151	4,184	6,694	3,127	3,567	69
2033	6,620	1,290	1,147	4,183	6,694	3,127	3,567	74
2034	6,613	1,290	1,140	4,183	6,694	3,127	3,567	81
2035	6,612	1,290	1,139	4,183	6,674	3,127	3,547	62
2036	6,609	1,290	1,136	4,183	6,674	3,127	3,547	65

資料「特別区税設置における財政シミュレーション（一般財源ベース）」（2019 年 12 月 26 日）財政シ－ 25 頁。

全体としてその他の伸びは小さくない。

　第5に、大阪市公債は、府・特別区で返済するが、大阪市公債残高（**表14参照**）3兆707億円で、さきにみたように事務配分比率で配分すると、特別区2兆2,834億円となるが、試算は一般財源ベースで一般会計の4割で, 公債残高9,134億円となる。

　ただ公債償還額は不明であるが、年次計画で償還され、繰り上げ・繰り下げ償還はなかったと推計される。ただ歳出ベースで施設建設債など、新規発行が避けられず、特別区の公債費支出は膨張するのではないか。

　基金は温存して減量経営を堅持するか、基金を取り崩して、現実の財政需要に応えるかの選択の問題となる。

　第6に、その他は、特別区運営費であるが、さきの大阪市将来推計では、人件費・公債以外の経費の4割は約5,100億円程度であり、初年度から圧縮して計上されている。初期建設費・維持費の増加は、一般行政費・事業費の増加傾向はさけられず、過小算定ではないか。

　実際、公債費・改修費との繰り延べは可能であり、健全財政で運営するか、不安定財政で運営するかであるが、外部環境の悪化への対応力を温存しておくかどうか、財政運営の選択であるが、特別区財政構造の脆弱性からみて、財政運営はきわめて苦しいことには変わりはない。

　第7に、特別区財政の致命的欠陥は、調整機能が、一般の地方交付税でなく、特別区合算方式で、個別特別区の財政補填機能を果たせないことである。さらに交付税の基準財政需要額の算定にあって、投資的経費に比して、行政サービス費の算定は必ずしも十分でない。そのため結果として、人件費・民生費などの歳出増が、交付税増加に反映しない欠陥がみられる。

特別区設置効果の過大算定

　第4の誤算として、特別区設置をめぐる行財政改革効果をみてみる。特別区設置はあらゆる面からみて、マイナス効果しかないが、大阪市廃止派にとって、これでは面子もたたないので、強引の改革効果を仕立て上げて

いった。

　特別区設置でマイナス効果となったので、補填するための強引な財政操作で、改革効果を算出しているが、改革によるマイナスの変動要素が算入されていないので、副首都推進局の改革効果を算入した財政シミュレーション（**表 18** 参照）を、さきのケース 2 でみてみる。

　第 1 のシミュレーション効果は、財政運営収支効果であるが、累計 826 億円黒字で、大阪市から承継する財政調整基金 1,618 億円との合計 2,444 億円が財政安定財源となる。創設後の特別区財政が、設置コストなどを除外しても、黒字財政とは信じがたい予測である。それこそ予備費で年 200 億円ぐらいの臨時支出を見込む必要がある。

　第 2 のシミュレーション効果は、行財政における改革効果（**表 18** 参照）である。行財政システム再編成による効果で経費削減・民間委託・民営化などの事務事業システムの改革効果で、2025 ～ 2036 年度の累積効果は、地下鉄 1,285 億円、一般廃棄物 510 億円、下水道 9.6 億円、バス 0.46 億円、港湾 2.4 億円などが、累計 1,560 億円、年 130 億円が算出されている。

　最大の効果は、民間化による交通事業であるが、年間 100 ～ 150 億円

表 18　行財政改革効果

項　　　　目	改革効果	効 果 内 容	財政シミュレーション反映額			除外額
			金　額	特別区	大阪府	
地　　　下　　　鉄	21,698	民 営 化	14,230	10,779	3,451	7,468
一 般 廃 収 集 輸 送 棄 物 償 却 処 理	6,930	民 営 委 託	3,544	3,544	0	3,386
	0	民 営 委 託	1,695	1,695		1,646
下　　　水　　　道	581	民 営 委 託	77	77	0	504
バ　　　　　　　ス	1,955	民 営 化	54	3	51	1,901
港　　　　　　　湾	218	港 湾 統 合	54	16	38	164
産 業 研 究 所	66	経 費 削 減	51	0	51	35
衛 生 研 究 所	92	統 合 効 果	8	0		84
合　　　計	31,540		19,713	16,114	3,599	15,188

注　除外額は 2018 年度までの改革分，効果内容は省略。
資料「特別区設置財政シミュレーション」（大都市制度協議会・資料 3, 2019 年 12 月 26 日）財政シー 19 頁。

が計上されている。「効果の内容」として「地下鉄民営化による一般会計からの繰出金削減や固定資産税等の収入及び株式配当収入」と説明されいるが、民営化の損失もあり精査が必要ではないか。[7]

　第3のシミュレーションは、大阪市廃止・特別区再編成効果で、累計マイナス58億円である。設置時の臨時的支出である。

　第4のシミュレーションは、特別区新設効果は、累計でマイナス233億円であるが、合同庁舎方式などでかなり削減された、減額である。試算では庁舎関係イニシャルコスト203.37億円、ランニングコスト13.58億円とされている。

　しかし、特別区の庁舎整備は暫定的対応であり、本格的に3庁舎建設をすれば約1,300億円が必要で、偶発的債務でなく確実に発生する債務で、設置コストはマイナス1,533億円となる。

　第5の誤算として、特別区設置最終的効果をみると、第1に、累計2,095億円であるが、財政収支効果（**表17** 参照）は、826億円は過大推計であり、改革効果1,560億円は、特別区設置効果とは無関係で、組織達成効果はマイナス58億円、設置コスト効果はマイナス233億円で、特別区設置の純粋の効果は、組織・設置のマイナス効果291億円だけとなる。

　第2に、特別区設置コスト増233億円など発生しても対応できるとされているが、特別区固有の効果は、改革効果は関係なく、財政収支効果も過大算定で除外すべきで、再編成効果はマイナスで、結果として財政シミュレーションは、赤字転落となる。

表19　特別区設置の財政シミュレーション

（単位 億円）

区　分	2025	2026	2027	2028	2029	2030	2031	2032	2033	2034	2035	2036
財　政　収　支 A2	116	123	50	16	62	65	43	69	74	81	62	65
改　革　効　果　額 B	106	113	116	123	131	135	139	137	140	140	139	141
組織体制影響額 C	▲21	▲21	▲22	▲17	▲13	▲8	▲4	1	5	10	14	18
設置コスト D	▲33	▲20	▲20	▲19	▲21	▲18	▲18	▲18	▲18	▲18	▲16	▲14
計 E2=A1+B+C+D	168	195	125	103	160	173	160	189	201	213	200	211

資料　副首都推進局「特別区設置における財政シミュレーション」（2010年12月26日）財政6頁

それでも財政調整基金 1,604 億円、大阪市保有検討地約 928 億円（大阪市未利用地活用方針一覧・2018 年 6 月 30 日）、関西電力株 68,286,880 株簿価約 341 億円（2019 年 3 月 30 日終値換算約 933 億円）が活用できるとしているが、これら基金は災害とか恐慌とか異常事態への財源で、一般的財源不足の補填財源ではない。

　第 3 に、特別区案では、特別区設置後、10 年間は特別区へ特例加算として 20 億円を加給するとしている。特別区設置マイナスは 291 億円で加給は 71 億円不足である。したがって加給ではなく減収補填であり、特別区設置効果が約 3,000 億円あるならば、その財源を特別区財政調整基金として設置すべきである。

　そもそも特例加算金の目的・財源があきらかでない。おそらく特別区財政悪化への反対機運を鎮静化する政治措置であったのであるが、本来の財源対策を公党として策定すべきである。

　これら大阪都構想の経済・改革効果の問題は、鎮静化したと安心していたが、大阪府市は 2020 年 8 月 14 日、大阪都構想の経済効果とか 4 特別区再編成の改革効果を，府議・市議・専門家による意見交換会を開催している。[8]

　大阪維新としては、従来からの副首都推進局の試算とか先の学校法人・嘉悦学園の報告書を、再度 PR するためであるが、杜撰な報告をあえて検討するのは、市民を惑わす恐れすらある。

　これらの報告・研究について、赤井伸郎・大阪大大学院教授は、特別区設置につて「住民と行政の距離が近くなり、住民ニーズが提供できるようになる効果は大きい」と賛成している。[9]

　また土居丈朗・慶応大教授は、「（都構想の実現で）広域的な施策を円滑に調整できるよう制度的に担保することが重要」で、従来の経済効果の試算方法は「経済学的の妥当」と評価し「効果を出すには制度改革を実施しなければならない」と主張している。[10]

　意見交換会後、吉村知事は「細かなミスはあるかもしれないが、大きな

意味で効果効果があるというは共通した意見だ」と満足している。[11] 要するに欠陥のある試算であり、反対派の反論にあっても、大阪府市という公的機関を活用した、宣伝効果はきわめて大きく、市民の賛意を誘導する、政治的効果は絶大であるとの打算にもとづくといえる。

　この動きに対して、自民党市議団・共産党などは、嘉悦学園の報告書には 82 カ所も誤りがあり、信用できないして反対してきた。「経済効果の試算は、『間違いだら』だとして欠席した。自民は赤井・土居両氏ら専門家はいずれも府市の特別顧問を務めていることを挙げ、『第三者による試算の「検品」の場でないことは明らかだ』と批判し」[12] 大阪市廃止・分割との対決姿勢をつよめている。

　このような大阪維新の動きをみていると、大阪市廃止・分割にあって、公平・適正に行なわれないとの、危惧が払拭できない。特別区設置をめぐる権限・財源・事務配分などにあって、府市協議会で協議し、処理するとされているが、決定権をもつ大阪府有利に紛糾は処理されるであろう。

　経済効果・行財政改革効果にいついてはすでに反論を展開してきたが、先の赤井教授の見解については、大阪市廃止・分割して 4 区制にすれば、市民に身近なサービスが提供できる利点・効果はあるだろう。しかし、その前提条件である権限・財源なき特別区では、サービスの提供すらできない。

　また百歩ゆずって、サービスができたとして、人口 70 万人の特別区では、指定都市並みの巨大機関で、中小都市なみの地域密着型のサービスはできない。

　土居教授の府市一元化による広域行政・公共投資の効果についても、先にみたように実効性のある広域行政はなく、有効性のある広域行政は、すでに政府機関とか自治体連合で実施されており、わざわざ大阪市を廃止しても、大阪市事務の大阪府移管だけという、府県集権主義の大阪府の欲望を充足させるだの効用しかない。

　公共投資も高度成長期のような基盤整備型の開発行政は、戦略的時代錯

誤の選択で、今日ではハードよりソフトの施策が重要である。都市魅力・情報ネットワーク・新技術開発であり、基盤整備の必要性は低い。公共投資も防災工事拡充・老朽施設補修などの必要性が高まっている。

　もちろん広域交通網整備などは、地域振興の有効な手段であるが、都市そのものの求心力がなければ、かえってストロー効果で人口・企業の流出となるだけである。大阪都構想なるものは、何のための改革か、あらためて問われるのである。

注

（1）統合で行政コストが減少し、大学統合の成果があがることはまずない。大学の規模としては、すでに大規模で経営統合の効果はない。研究とか教育水準が、マンモス大学となったから、レベル・アップした事例はあまりみられていない。むしろ大阪市廃止で特別区となれば、実質的府立大学で、大阪市立大学の資産 1,023 億円が、大阪府にかすみ取られたことになる。将来、減量経営で跡地売却などが行われても、特別区は住民の要望を実現することも、売却益の特別区への還付もできない。しかも運営費は財政調整財源に算入されており、大阪市税で大阪市民が負担している。しかし、制度的には特別区は、運営に参加することも、市域外移転となっても傍観するしかない。大阪市廃止・分割のダメージが如何に、不合理な措置であるかがわかる。朝日新聞（2020 年 6 月 27 日）参照。

（2）嘉悦大学付属経営研究所「大都市制度（総合区設置及び特別区設置）の経済効果に関する調査検討業務委託」報告書（2019 年 6 月 29 日）63・64 頁、以下、前掲「嘉悦報告書」。

（3）大阪 4 区平均人口 67.3 万人、東京都特別区並みで計算すると、平成 29 年度足立区出総額 2,713 億円（人口 68.5 万人）、江戸川区 2,510 億円（人口 69.5 万人）である。資料特別区事務局『2019 年特別区職員ハンドブック』。

（4）川嶋広稔『「大都市制度（総合区設置及び特別区設置）の経済効果に関する調査検討委託報告書」に関して』（令和元年 8 月 26 日）9 ～ 11 頁参照。

（5）都市規模の数値は、理論的には規模が大きくなるとコストは上昇するとされているが、実際は大阪・横浜市の行政コストは逆である。平成 22 年度横浜市人口 373 万人、歳出決算 1 兆 6,702 億円、1 人当り 44 万 7,7747 円、大阪市人口 271 万人、歳出 1 兆 7,503 億円、1 人当り 64 万 5,867 円である。昼間人口の財政需要が行政費をおしあげており、都市規模の推計値は必ずしも適正とはいえない。

（6）第31回大都市制度協議会「総合区設置における財政シミュレーション」（2019年12月26日）資料3・財シー25頁。

（7）交通事業は民営化され、高速鉄道・バスは経営統合されている。大阪市高速電気軌道株式会社の2019年度決算報告書では、資産9,823億円、負債4,461億円、純資産5,362億円である。連結損益計算書では2019年度営業収益1,841億円、営業利益352億円、経常利益355億円、親会社株主に帰属する当期純利益271億円であるが、2018年度の340億円に比して69億円、コロナウイルスの関係で減少している。大阪市高速電気鉄道株式会社の配当収入があげられているが、公営交通時代から高度成長期の先行的路線延長のための建設債減少で年間300~400億円程度の黒字で、有形無形に一般会計に貢献していた。ただ民営化によってさまざまの公課負担がふえている。2019年度限りであるが、民営化にともなう不動産取得税46億円、固定資産税45億円の負担が発生している。平年度化するといくらの租税額となるか、平均して課税対象額300億円、賦課額150億円とすると、国73％、府14％、市13％で、市20億円しかならない。民営化で20億円しか収入はない、ことに固定資産税は府税となる。かりに収益が特別区の収入になっても、交付税が減額されるので実質5億円程度しかない。大阪市財政への貢献は300億円から5億円に減少したことになる。しかも収益の実態は、固定負債（長期借入金）の減少で2019年度では2018年度の3,552億円から2019年度1,859億円と1.693減少しており、有利子負債削減額の減少で240億円減少となっている。なお交通繰出金の減少も敬老パスの削減による減少ではないか。いずれにせよ繰出金は2007年度271億円、2012年度91億円、2016年度46億円と減少している。いずれにせよ交通民営の改革効果は、財政収入からみればマイナスで、再度の精査が必要である。

（8）朝日新聞2020.8.15（9）～（12）同前

V　東京・大阪特別区の比較分析

東京都制の欠陥と課題

大阪都構想は、当然、東京都制をモデルとして、大阪特別区行財政システムを設計した。しかし、大阪法定協議会の報告書は、大阪府内の中核市との比較を多く適用しているが、都市・行財構造にあって異質で、人口規模は類似するが、東京特別区との比較が、より現実的である。

中核市との比較では、都府・特別区の行財政関係が欠落し、特別区財政システムも、合算方式など、特別区独特のシステムの適用がなくては、比較の信憑性もなくなる。ただ東京・大阪特別区も、歴史的形成過程・行財政状況も異なり、まったく同じ類似団体ではない。

第１の課題として、東京特別区制の実態をみてみる。第１に、東京特別区と大阪特別区と比較すると、１人当り特別区税は、東京特別区が1.26倍高く、事務配分比率は大阪特別区が、1.59倍高いので、実質的には1.26 × 1.59 ＝ 2.00倍高い。

特別区税・財政調整交付金合計では、東京特別区は大阪の0.92倍であるが、事務配分補正で1.59倍、実質的財政力は0.92 × 1.59 ＝ 担税力1.46倍の格差がある。財政力で東京都制が優位であり、財政調整でも格差は縮小しておらず、大阪特別区財政は、東京特別区の約７割である。

それだけに東京特別区が、おなじ特別区といっても有利で、ことに豊かな財政力で、特別区制の矛盾・欠点を治癒しているが、大阪特別区が特別区制を採用して、東京特別区と同水準の行政サービスは、財政力からみて不可能である。

第２に、大都市を分割して特別区設置は、同じであるが、東京都制では主要事務のほとんどは、東京都が所管しており、近年、保健所・廃棄物行政・児童相談所などが、部分的に移譲がすすめられている。

しかし、大阪特別区は、東京特別区の1.6倍の事務移管が想定されているが、財政力は東京特別区の３分の２程度で、財政運営ができるのか心配される。

もっとも東京特別区は、東京都が広域性と関係なしに、主要事務事業を所管しているので、総合的区政ができない欠陥がある。

　今後、財源問題より事務配分が、東京都との重要交渉課題となる。一方、大阪特別区は、水道・港湾・消防は大阪府移管となったが、生活行政関連の事務配分はすすんでいる。

　しかし、区行政をするとなると、水道・消防がなく、総合行政はできないが、何より財源不足では、区行政そのものが実施できない実態となる。それもコロナ対策をみても、末端の都市自治体は、10万円支給・感染者追跡作業など、分担するシステムになっている。

　しかし、政府・府県の施策の歪みが転嫁され、塗炭の苦しみをなめている。ことに中間行政機関の都道府県の役割は、宙に浮いた状況で、市・区を叱咤激励するだけか、現場主義で直接調査・取締に精励するなど、定まっておらず、末端行政も対応に苦慮する状況になっている。特別区・府の関係では行政区分は明確でなく、深刻な事態となるのではないか。

　第3に、東京特別区は、東京都制当時から純粋の行政区でなく、課税権をもった自治区であった。それでも今日の自治区としての、財源・権限を確保し、自治体としての地位を確立するため、半世紀以上の区独立運動を展開してきた。

　この点、行政区であった大阪特別区が、人為的に4区に再編成されて、誕生する大阪特別区は、成立当初から自立性ある特別区を期待できるか不安である。きびしい財政状況のもとで、どう区政を維持するかが難題である。

　大阪市廃止派は、さきにみたように市分割・区統合で、コスト減を想定しているが、現実はコスト増となる。ただ東京特別区は、準自治区的な特別区に順次、権限・財源を追加していった。

　しかし、大阪特別区は、大阪市を廃止して、一挙に総合的生活行政を分担する特別区設置となるが、東京特別区と比較して、行財政環境は劣悪である。しかも致命的欠陥は、指定都市大阪市から、一挙に分割特別区とな

るので、どのような補完策を注入しても、治癒不可能な制度欠陥を内蔵している．

苦難に満ちた東京特別区制史

　第2の課題として、東京特別区制はどう運用されてきたのか。特別区制は理解できたが、運用実態は必ずしも解明されていない。

　特別区制度という特異な制度の実態は、その誕生の背景・経過から、行財政運用の歴史的事実、さらには東京都・区の関係、行財政運営の実態までたどる必要がある。

　東京都制を解剖してみると、東京都制の実像は、それ自体が、戦時体制改革の遺物であり、官治的制度として欠陥の多い制度であった。戦後改革によって自治的都制となったが、市町村の支配団体としての、性格・体質は払拭されていない。

　第1に、東京都制は、政府・東京市が官治的・自治的都制をめぐって争われ、明治以来、政府の懸案課題であったが、容易に決定できなかった。

　しかし、戦時体制となると、帝都防衛のためという口実で、政府支配を地域の底辺にまで浸透させるため、東京市という中間団体を抹消し、官治的東京直轄支配システムを形成した。[(1)]

　すなわち都制は首都という特殊行政への、特別制度であるならば、東京府を廃止し、東京市だけで独立した首都にすればよい、残る三多摩地区は、県として設置すれば問題はない。

　ところが東京都は、府行政と市行政が相部屋という、変態的自治体となってしまった。戦後、東京都制は、改革で自治体となったが、制度的には傘下の特別区を統治するシステムは、温存されたままであった。

　第2に、したがって東京都の潜在意識として、特別区は市町村のように独立した自治体という認識でなく、特別区は自治体でなく、行政区という認識が拭えなかったのではないか。

　基本的には都制の総合行政と、特別区の総合行政は、対立する要素をは

らんでおり、行政実態に即応して、改革がなされるはずがない。

　そのため東京特別区は、誕生の経緯からして未熟児であり、虚弱体質が運命づけられていた。特別区の歴史は、行政区という不完全自治体から、完全自治体への自治復権運動の歩みであった。

　当初、東京都の特別区への介入は、都配属職員制度・財政調整システムなどで、特別区自治権は拘束された。しかし、特別区は公選区長の実現・職員派遣制度の廃止などで、独立性を獲得していったが、完全自治体への悲願は達成されていない。

　それでも1964年の地方自治法改正で、都区協議会が法定化され、都区の課題は合意で決定され、「都区制度というのは都のさじ加減、都知事の鉛筆のなめ方でものごとをすべてきめられると制度だと誤解している」[2]と、内部団体論は、批判されている。

　しかし、制度的には一般市町村より劣位にあり、東京都の圧迫が、強いことには否定できない。あらゆる制度の欠陥が、東京都・区が富裕団体であり、首都集中という集積メカニズムでの成長で、潜在化しているだけといえる。

　第3に、1974年に区長公選制が復活し、保健所設置などが特別区になった。1998年の地方自治法改正によって、特別区は「基礎的地方公共団体」に位置づけられるようになったが、特別地方公共団体で、普通地方公共団体ではなく、完全市として認知されたのではない。

　特別区の完全自治体化は、達成されていない。実際、近年、児童相談所の移管をめぐって、都区で紛糾しているが、都は特別区が人口50万人への再編成を条件としている。

　千代田区などは人口5万人で、一部事務組合・事業共同処理など対応すればよい。保健所は担当しており、現地総合性から移管するべきで、巨大都市東京がそこまでこだわるか、不思議である。結果として児童相談所は、順次、区移管となっている。

　そして2000年には、都区財政調整が法的制度となり、ごみ収集が特別

区事務となった。戦後自治のうねりに沿って、区自治は拡大されていった。

　たしかに特別区は、都の内部団体から脱皮したが、大都市を分割した特別区といういう、分割団体という欠陥は、権限・財源のみでなく、現地総合性という行政システムにとって、致命的欠陥である。

　さらに決定的欠陥は、特別区という名称は、一般的は行政区の印象が拭いきれない。独立自治体であるにもかかわらず、市制を名乗ることができない事実は、特別区にとって緊急に解決すべき課題である。

　財政調整における合算方式と同様で、特別区のステイタス・自治意識・職員意気込み・市民意識にかかわる、重大な課題である。何より自治体として認知しておきながら、行政区的処遇で糊塗している対応は、憲法違反というべき自治権侵害である。

　第４に、東京都制は、広域大阪府制とことなり、独自の特性がある。東京都制は、東京府が東京市を吸収したのでなく、東京市が東京府を吸収したのが実態である。

　実際、当時、人口比率では府人口の８割以上をしめ、財政規模は、昭和17年度で東京府1.26億円、東京市3.42億円であった。

　関東大震災の復興事業をみても、政府直轄事業3.24億円、東京府0.22億円、東京市3.43億円であり、東京府の東京市内事業比率はきわめて少ない。政府が広域調整を実施し、東京府の主導性は低かった。実際、東京府・東京市は同じ庁舎にあり、実質的に同一団体化していた。

　東京府は制度的には東京市の監督官庁であったが、実質的なランクは、府知事は官選知事で知名度はなく、東京市長は、大蔵・内務・外務大臣、そして日銀総裁が就任し、府知事より上にあった。[3]

　第５に、都制は奇形的自治体である、東京府と東京市を解体し、独立の大都市制度を形成したのでなく、東京府はそのままで、東京市を吸収したので、府県行政という市町村監督行政と、都市行政の都市経営という、異質の行政体質をもつ変則的団体となった。

　自治体としては、府県と都市の性格・機能が混在し、本来の機能がどち

らも発揮できない、二重人格的自治体となった。最近でも中央卸売市場移転問題に知事が忙殺され、広域行政にはとても専念できない。

　要するに「東京都の行政は県的広域機能と市的市民サービス機能を混乱させ、そのため広域自治体としての計画性と市民に対する責任性がきわめて曖昧なものにしてきた」[4]のである。

　このような東京都の市民サービスへの対応が、東京都制を県的機能への純化、すなわち特別区の市民サービス機能拡大が、急務になったといわれている。

　第6に、首都圏からみると、東京都はあまりにも小さく、少なくとも神奈川・埼玉・千葉県をふくめなければ、大都市圏の経済力発揮は不可能で、府県制でなく道州制による広域化が必要である。

　大阪府も同様で広域行政といっても、せいぜい関空への高速道路建設ぐらいで、広域行政展開の余地はなく、単なる制度のいじりに過ぎなく、実効性のない改革となる。

　実際、港湾は大阪府となっても、貿易港の大阪港と工業港の堺港、さらに府下の漁港を一括管理してもメリットはない。広域港湾をめざすならば、貿易港の大阪・神戸港統合である。

　かって阪神外貿ふ頭公団が創設されたが、経営・管理では地元自治体のインセンティブが不可欠となり、結局は大阪・神戸埠頭公社に分離となった。現在では国・大阪神戸市による株式会社となっている。

　広域府政というイメージは素晴らしが、地域から遊離した事業方式は、経営効果があがらない。水道・交通にあって広域化といっても、サービス区域は大阪市内で、大阪市から遊離して、広域化をめざしているが、経営形態としては粗雑な団体と、化していくのではないか。

現地総合性・区自治権との対立

　第7に、東京特別区は基礎自治体として、「現地総合性」「市町村自治権」などの視点からみて、事務事業配分はすすんでいない。

　想定される大阪特別区の府・特別区事務配分は、財源ベースでみると、特別区74.36％、大阪府25.64％であるが、東京特別区は55％、東京都45％である。

　東京都は東京市の事務事業をひきつぎ、特別区の事務事業は拡大しなかった。近年、ごみ収集事業・教育行政の教員人事権の移管があった程度で、消防・交通・水道といったサービスも、依然として東京都である。

　広域大阪府も改革で、消防・水道を分担するが、特別区からみれば区自治への逆行する配分である。

　この点、大阪特別区は、大阪市の事務事業を、大阪府と配分して特別区がスタートするので、児童相談所・府営公営住宅・民営交通事業など、東京特別区より事務事業の範囲はひろい。しかし、東京特別区と比較して、財政力は格段に悪く、行政範囲はひろいが、財政力が追いつかないという、ピンチに陥る可能性が大きい。

　第8に、特別区の財源配分・財政調整は、システムとして紛糾の要因をはらんだ運用となっている。個別税目の配分は、先にみたが、問題は各区の財政力格差がある以上、財政調整が必要であるが、国全体の地方交付税システムでなく、東京都制・特別区での財政調整システムとなった。

　財政調整の問題は、東京都と特別区で協議してきめるといっても、容易に決定できず、毎年紛糾となった。それでも東京都・特別区とも、富裕団体であるので、なんとか治まりをみせているが、時限爆弾をかかえているようなものである。(5)

　それもかかわらず都区調整制度の存在価値があるのは、特別区財政は、戦前の区税を引き継ぎ、区税は貧弱で、戦後改革あっても、旧東京市税の区税化はすすまず、特別区の財政力格差はすすんだので、財政調整システムの創設となった。(6)

　その結果旧東京市内の東京都税は、特別区へ還元される財源調整機能がはたらき、富裕団体東京都への依存は、それなりに旨みがあったからである。

第9に、特別区制は、指定都市がみずからすすんで、府県への防御システムの特権を放棄して、導入するべき制度ではない。まして大都市圏行政とかを、二重行政淘汰とかを期待して、創設しても、二重支配・広域行政といった、行政上の成果は達成されない。

　都制・広域府制で、大都市改革を求めるのは、木にのぼって魚を求めるような行為である。基礎行政を担う特別区には、何のメリットもない。常識的にみて、大阪市という1つの自治体を、4つの特別区に分割して、行政効率が上がるはずがない。

　大阪維新は、公選区長の利点を強調し、市民はその点だけをみているが、公選大阪市廃止の代償としての、公選区長であることを忘れてはならない。

　第10に、そもそも広域行政は、東京都・大阪府の規模では、実効性のある施策は、行政区域の狭さからみて不可能で、二重行政淘汰も幻想で、指定都市廃止で都・府の許認可行政が増殖して、かえって行政コストは増加する。

　しかも特別区の大阪府議会における政治力は、3分の1程度で、東京都のように特別区出身議員が過半数を占める東京都制とは違い、府会議員数からみても不利である。実際、特別区をめぐる動きをみても、大阪府議会自民党は、大阪市廃止賛成派が多い。

　広域大阪府が実現すれば、大阪府の旧大阪市への支配は強化され、府会議員のステイタスもあがるという、心情がはたらいたのではないか。また大阪市出身以外の府会議員にとって、大阪市廃止で豊かになった府財源の恩恵にあずかろうとする思惑がはたらいたのであろう。

　これでは広域大阪府政のもとでは、大阪特別区の利益は守られない。どう考えても、大阪市廃止をして、特別区制にすることは、政策的に都市自治の破壊といえる。東京都制の実態を、よく知ることである。

　大阪都構想なるものは、大阪府サイドからみればメリットが大きいが、大阪市・市民サイドからみればマイナス効果ばかりである。しかも大阪府の広域行政効果は、実効性のない架空のメリットである。

大阪特別区の特殊課題

　第2の課題として、大阪特別区制の特殊問題をみてみる。第1に、大阪特別区の自治性である。東京特別区は、戦前から自治的要素をもった特別区で、戦後も特別区の独立性を求め、半世紀以上の自治権獲得運動を展開してきた実績がある。

　しかし、大阪特別区は、行政区として存在期間がながく、しかも24区制から4区制へと統合され、住民意識からかも遊離した、大規模特別区となった。

　第2に、大阪府は、大阪市廃止で都市整備事業を吸収するだけで、既存の府事業に追加されるだけで、広域行政が充実したとは思えない。しかし、新設の特別区は、公選区長が強調されているが、実質的には大阪市長と特別区長の2役をこなすことになる。

　しかも広域大阪府の統制はきびしく、分割された特別区では、区間の利害調整もあり、大阪市長より外部行財政環境は悪い。

　第3に、大阪市の大阪府における政治勢力の劣勢である。人口比で約3分の1で、大阪府がどこまで特別区を配慮するか疑問である。しかも政治勢力からみると、大阪特別区選出の府会議員は3分の1で、しかも府政サイド寄りで、特別区の利益は簡単に無視され、旧大阪市の事業・財源が、特別区に還元されるとはかぎらない。

　卑近な事例では、大阪府は大阪市市税を財源とする、財政調整財源の20％を配分されるが、全額が特別区に還元される保証はない。周辺市の道路整備に充当されても、特別区は文句をいえない。

　特別区設置前であれば、府市共同で大阪市内道路整備をするという目的で分担金を徴収し、市外道路整備に流用すれば違法であるが、特別区制度では財政調整財源はそのような拘束はない。

　さらに大阪府税による特別区への還元も、少なくなる恐れもある。大阪府としては、財源は旧大阪市税であり、特別区税となった財政調整財源で

あるが、大阪府所管で事業・施設を運営していけば、大阪特別区のために
サービスをしている感覚となり、大阪特別区への大阪府税による還元は、
自然と少なくなる。

　第4に、大阪府立施設となれれば、府公共施設の特別区外の設置がすす
むかもしれない。さらに極端な事例としては、府営水道料金を値上げして、
府下料金の均一化を図っていくといった施策が、広域行政・財政力格差是
正で行われないとはいえない。

　都・府にとって特別区制は、行財政システムとして、都・府による特別
区への支配メカニズムが作用するには便利なシステムであるが、特別区が
自治体として、都市行政を展開していくには不都合なシステムである。

危機に立つ東京特別区財政

　第3の課題として、東京特別区の財政をみると、富裕団体として起債率
の抑制・基金蓄積といった指標は良好である。しかし、特別区制の欠陥を
内蔵した、自主財源比率低下、財政調整配分改善などの課題をかかえた、
不安定な環境にある。さらに老いる東京といわれる人口高齢化、公共施設
の老朽化で、財政にとってマイナス要素である。

　第1の分析として、東京特別区の特別区税収入（**表20** 参照）をみると、

表20　　東京特別区歳入構成の推移

（単位 億円）

区　　　　分	2006 年	2008 年	2010 年	2012 年	2014 年	2016 年	2018 年
区　税　収　入	9,156	9,782	9,049	9,220	9,907	10,405	10,864
財 政 調 整 交 付 金	9,251	10,000	8,676	9,050	9,816	9,878	10,682
国 ・ 都 支 出 金	4,993	5,997	6,813	7,330	8,049	8,952	9,212
特別区債・基金繰入金	888	1,446	2,107	2,056	2,273	1,678	1,888
税　交　付　金	3,023	2,014	1,906	1,819	2,308	2,790	2,607
そ　　の　　他	3,117	3,402	3,170	3,106	3,427	3,578	3,596
合　　　計	30,428	32,641	31,721	32,581	35,780	37,281	38,849

注「その他」には使用料・手数料，分担金・負担金，寄付金，財産収入，繰越金，諸収入がふくまれる。
資料　特別区長会事務局『特別区財政の現状と課題』（2019 年 11 月）3 頁。

比率は 2007 年度 30.6％であったが、2018 年度には 28.0％とやや低下している。国庫支出金・特別区債・基金繰入金の増加で、相対的に減少した。

　第 1 に、区税収入は特別区民税の増収で、長期にみても増加傾向にある。首都としての集積メカニズムで、人口増加となっているからである。

　第 2 に、財政調整交付金の歳入比率 27.5％で、都区配分比率が 1965 年度の 25％から、2007 年度には 55％に上昇している。財源である、固定資産税・市町村民税法人分増加で 3 年ぶりの増加が原因である。

　第 3 に、国庫支出金比率 16.5％、都支出金比率 7.2％、合計 23.7％と意外と高い比率である。民生費の比率が高いからである。

　第 4 に、特別区債・基金繰入金は、2006 年度から次第に増加し、2012 年度以降は増減を繰り返していった。注目すべきは 2018 年度内訳は、区債 408 億円、基金積立金 1,280 億円、その他となっているが、積立金が多いことである。

　2018 年度区債残高 4,833 億円、基金 1 兆 9,963 億円となっている。大阪市財政との比較では、地方債と基金の残高が逆転する、超健全財政となっている。

　第 5 に、収入・人口増は、財政需要の増加となるが、歳入費目は有力な成長費目がなく、歳出費目は民生費が驚異的増加で、財政構造は悪化しつつある。

　第 2 の分析として、性質別歳出構成（**表 21** 参照）の推移をみると、少子高齢化対策、医療・介護経費、首都直下地震対策費、公共施設の更新費など、歳出増加要素が山積している。

　第 1 に、人件費は長期低落傾向にある。2000 年に清掃事業（17,826 人）の移管で職員数は増加したが、以後、全国市町村を上回るペースで削減をつづけてきたが、2006 年度〜 2018 年度で減少率 11.17％に過ぎない。

　しかも 2015 年で底打ちで、以後、微増であるが増加に転じている。オリンピック・待機児童対策・児童相談所開設などの新規需要に対応するためである。しかし、義務的一般財源負担額でも、2006 年度 6,274 億円か

表21 東京特別区性質別歳出構成の推移

(単位 億円)

区　　　分	2006 年	2008 年	2010 年	2012 年	2014 年	2016 年	2018 年
人　件　費	6,704	6,598	6,343	6,124	5,971	5,981	5,955
扶　助　費	5,672	6,298	8,381	9,173	9,814	11,047	11,659
補　助　費　等	1,042	1,803	1,864	1,971	2,161	1,751	2,023
普 通 建 設 事 業 費	3,443	4,404	3,607	3,377	4,440	4,797	4,858
公　債　費	1,772	1,508	1,107	1,180	985	705	589
そ　の　他	9,851	9,716	9,438	9,617	11,044	11,745	12,346
合　　　計	29,084	30,327	30,740	31,442	34,423	36,026	37,430

注「その他」には物件費・維持修繕費・積立金・投資出資貸付金などである。
資料　特別区長会事務局『特別区財政の現状と課題』(2019 年 11 月) 3 頁。

ら 5,492 億円に減少している。

　第 2 に、扶助費は 2018 年度比率 31.0％で、少子高齢化対策費の増加
等により、年々確実に増加する傾向にあり、将来にかけて財政圧迫の最大
の要因である。

　性質的費目のうち、義務的経費は全体としては横ばいであるが、扶助費
の増加がめだっている。2006 年度 5,672 億円（比率 19.5％）であったが、
2018 年度は 1 兆 1,659 億円（31.1％）と、1.59 倍となっている。

　第 3 に、公債費は予想外にすくなく、東京都が建設事業のほとんどを分
担している状況であるが、今後、施設の老朽化など増加が確実である。な
お公債費は 2006 年度 1,755 億円から 2018 年度 587 億円と激減している。

　内訳は、元金 543 億円、利子 46 億円である。残高 4,833 億円で、内訳
は一般単独事業 1,039 億円、教育施設債 2,045 億円、公共用地先行取得
債 81 億円、更生福祉施設債 9 億円、財源対策債 212 億円である。

　第 4 に、2018 年度基金残高 1 兆 9,963 億円、内訳は特定目的税基金等
1 兆 2,544 億円、財政調整基金 6,783 億円である。特別区は財政調整交付
金が景気変動で激変するので、基金積立で対応している。

　第 5 に、財政構造の硬直化である、義務的支出が増加しており、財政
運営はきびしい状況を覚悟しなければならない。2018 年度で一般会計負

表22　東京特別区目的別歳出構成の推移

（単位 億円）

区　分	2018 年	2017 年	2016 年	区　分	2018 年	2017 年	2016 年
議　　会　　費	183	180	183	土　　木　　費	3,301	3,286	3,683
総　　務　　費	4,770	4,336	4,458	消　　防　　費	396	690	365
民　　生　　費	19,426	19,125	18,556	教　　育　　費	5,410	5,143	4,938
衛　　生　　費	2,656	2,599	2,625	公　　債　　費	589	689	706
労　　働　　費	65	71	76	そ　の　他	6	26	9
商工農水費	625	434	432	合　　　計	37,420	36,580	36,026

注「その他」には物件費・維持修繕費・積立金・投資出資貸付金などである。
資料　特別区協議会『第 39 回特別区の統計』（2020 年 3 月）。

担が 1.3 兆円をこえており、内訳は人件費 5,492 億円、公債費 587 億円、扶助費 4,672 万円、繰出金 2,252 億円である。

第 3 の分析として、目的別歳出をみると、第 1 に、総務費は減少していなく、構成比率 10.8％であるが、足立区の 6.7％から豊島区 22.3％とかなりばらつきがる。

第 2 に、民生費 52.9％と高水準の構成比率である。過去、3 年でも支出額は増加している。各区の構成比率は中央区 33.2％、足立区 59.8％とかなり差がある。

第 3 に、土木費の構成比率 10.1％で大きくなく、減少傾向である。各区の比率は中央区 21.1％、目黒区 5.6％と 4 倍の差がある。

第 4 に、教育費構成比率 14.3％と、民生費についで高い比率である。各区構成比率は、人口構成の関係か、中野区 24.3％、新宿区 9.0％と差がある。

第 5 に、公債費構成比率 1.4％で、557 億円、残高 4,832 億円で、基金 1 兆 9,996 億円で、大阪特別区と比較しても格段によい。

東京特別区は大阪より 1.4 倍富裕

第 4 の課題として、東京・大阪特別区財政の財政力比較をみてみる。まず人口動向は、東京特別区は 2000 年 813 万人、2018 年 940 万人、人口増加率 15.6％、大阪特別区 2000 年 260 万人、2018 年 270 万人、人口増加率 4.2％で、東京特別区の人口増加率は大きい。

ただ注目すべきは、東京・大阪特別区とも人口増は鈍化、高齢化がみられることである。なお東京特別区人口は、大阪市の 3.48 倍である。

　第 1 に、2016 年度人口は東京特別区 939 万 6,595 人、大阪特別区 268 万 1,555 人で、東京特別区税 1 兆 405 億円、1 人当り 11 万 732 円、大阪特別区税 2,362 億円、1 人当り 8 万 8,083 円で、東京特別区が 25.71 ％高い。

　さらに事務配分で大阪特別区が、東京特別区より 1.59 倍多く、実質的担税力格差は東京特別区 1.2571 × 1.59 倍＝ 1.999 倍高くなる。

　第 2 に、財政調整交付金（目的税交付金ふくむ）配分比率は、2018 年度東京特別区 1 兆 682 億円、東京都 8,798 億円、目的税（2017 年度）は特別区 3 億円、東京都 3,352 億円で, 合計では特別区 1 兆 685 億円、東京都 1 兆 2,150 億円で、特別区 46.79 ％、東京都 53.21 ％となる。

　大阪特別区は大阪府 25.64 ％、特別区税 74.36 ％で、大阪特別区は、74.36 ％÷ 46.79 ＝ 1.59 倍で、東京特別区より約 1.6 倍、多く事務事業を分担している。

　第 3 に、財政調整をみると、2016 年度人口 1 人当り財政調整交付金は、東京特別区 9,878 億円、1 人当り 10 万 5,123 円、大阪特別区（目的税含む）3,977 億円で、1 人当り 14 万 7,127 円である。

　大阪特別区が 39.96 ％高いが、事務配分は大阪特別区が 1.59 倍高いので、1.38 ÷ 1.59 ＝ 0.881 で、大阪特別区は実質的配分比率は東京特別区より 1 割低い。東京特別区の財政調整財源は大阪の 72.16 ％であるが、事務配分補正で 0.7216 × 1.59 ＝ 1.1478 で、14.78 ％高い。

　第 4 に、特別区税・財政調整交付金合計では、東京特別区 21 万 6,855 円、大阪特別区 23 万 5,206 円で、東京特別区は 92.22 ％となるが、事務配分比率で補正すると、92.22 ％× 1.59 ＝ 1.466 倍となる。

　大阪特別区をベースでみると、大阪特別区の 1 人当り特別区税・財政調整財源の合計額は、東京特別区の 1.085 倍であるが、事務配分比率 1.59 で補正すると、1.083 ÷ 1.59 ＝ 68.24 となる。

　要するに東京特別区の約7割弱である。東京特別区は特別区税・財政調整合計では、大阪特別区の92.27％で事務補正で1.47倍となる。

　第4に、1人当り基準財政需要額は、東京特別区22万374円、大阪特別区20万7,826円と東京都特別区が6.03％高い。

　しかし、事務事業配分は大阪特別区が東京特別区の1.59倍で、実質的基準財政需要額は、1.0603×1.59倍＝1.686倍と東京特別区が高い。大阪特別区の基準財政需要額算定は、東京特別区に比して過小算定となっている。[6]

　大阪特別区は府営公営住宅・都市整備事業・児童相談所など多くの事業移管をうけたが、財政補填は需要算入額の過不足が多くみられ、2016年度大阪特別区基準財政需要額5,572億円であるが、東京特別区並み水準では5,572億円×1.686倍で9,394億円で、3,822億円の過小算定がみられる。

　第8に、ストック財政指標・実額を2018年度でみてみると、東京特別区は積立金1兆9,963億円（1人当り20万954円）、区債残高4,833億円（1人当り5万985円）、大阪市は積立金2,261億円（1人当り8万3,665円）、市債残高1兆9,063億円（1人当り70万5,402円）である。

　東京特別区・大阪市を比較すると、積立金は東京特別区は、大阪市の8.83倍、地方債残高は東京特別区は0.25倍である。積立金と地方債比率は東京特別区4.13倍、大阪市0.12倍で、東京・大阪の格差は、34.42倍となる。

　第9に、つぎに東京特別区の財政力格差是正（**表23**参照）をみると、特別区税に対する財政調整を財政力をみると、港区と荒川区との1人当り特別区税は、港区30万4,472円、荒川区8万1,281円と3.74倍の差である。財政調整交付金は、港区5,828円、荒川区18万4,520円で36.7倍の財政調整である。

　特別区税・財政調整合計は，港区31万300円、荒川区26万5,801円で、1.17倍に縮小している。全般的に東京特別区は大阪特別区より、財政力があり、区の財政力格差も大阪より大きいが解消しており、基金が大きく

区債は小さい富裕団体の典型的運営実績を示している。

表 23　2019 年度東京都特別区財政調整

（単位 百万円）

区　分	人　口	歳出額	基準財政需要額	基準財政収入額	財政調整交付金	特別区税	財　政　力指　　　数
千代田	63,635	60,465	27,963	24,790	4,518	19,816	0.90
中　央	162,502	102,161	46,677	32,463	15,300	29,512	0.67
港	257,426	141,492	60,788	76,582	1,500	78,379	1.27
新　宿	346,162	151,629	79,581	52,481	27,876	49,409	0.66
文　京	221,489	101,947	52,921	34,143	18,000	33,666	0.67
台　東	199,292	99,429	52,165	24,737	28,000	22,515	0.47
墨　田	271,859	119,826	68,110	27,622	42,364	24,636	0.41
江　東	518,479	206,089	117,634	57,331	61,270	52,174	0.49
品　川	394,700	188,858	92,144	52,104	42,100	48,567	0.55
目　黒	279,342	105,863	60,417	44,567	16,947	45,091	0.78
太　田	729,534	281,370	153,682	83,058	75,940	75,175	0.54
世田谷	908,907	320,300	173,495	123,874	53,838	122,430	0.73
渋　谷	226,594	90,563	53,234	50,760	3,000	52,599	0.97
中　野	331,658	162,469	71,602	37,133	36,700	34,254	0.51
杉　並	569,132	188,387	113,743	69,069	44,100	66,081	0.63
豊　島	289,890	151,528	66,250	35,580	31,700	33,055	0.54
北	351,976	157,286	84,928	33,272	54,100	29,392	0.39
荒　川	215,966	101,857	58,136	19,880	39,850	17,554	0.34
板　橋	566,890	215,855	124,940	53,143	72,200	46,595	0.44
練　馬	732,433	271,251	159,850	73,744	86,411	67,357	0.47
足　立	688,512	287,278	164,225	57,950	105,800	49,217	0.36
葛　飾	462,591	195,338	114,141	39,692	75,700	34,144	0.35
江戸川	698,031	246,353	156,130	62,309	90,300	54,759	0.41
合　　計	9,486,618	3,947,593	2,152,760	1,166,287	1,025,146	1,086,373	0.54

注　財政力指数は 2018 年度で，指数は基準財政歳入と基準財政需要の対比である。
資料　東京特別区協議会『特別区の統計』（2019 年版）

注

（1）東京市誕生の歴史については、栗原・前掲「東京都区制度」15 ～ 68 頁参照。

（2）辻山・前掲「大都市制度」32 頁。

（3）東京市・多摩地区比較は、戦前では東京市が８・９割をしめていた。戦後でも面積・生産額以外は、旧東京市域が７・８割を占めている。なお大阪市の大阪府における比率は３割前後である。ちなみに人口は東京都特別区約７割、大阪市３割である。「大阪の自治を考える研究会『いま、なぜ大阪市の消滅なのか』49・50 頁参照。

（4）栗原・前掲「東京都区制度」103 頁。

（5）都区財政調整制度について、「地方交付税のようなものと理解されているが、しかし本質はまったく異なる。地方交付税はその原資が国税であり、いわば自治体の外側に財源がある。一方都区財政調整制度は、本来特別区に歳入されるべき地方税を原資とする。つまり財源は内側にある」（今井照「東京都区制度から考える『大阪都』構想」『市政研究』169 号 36 頁）という違いがある。このような不合理な仕組みは廃止されるべきであるが、東京都は区税の都税化、財政調整による特別区のコントロール機能、また政府は地方交付税財源の節減という、魅力があるため改革意向はない。

(6) 東京特別区の財政調整システムは、戦後、地方自治改革と歩調をあわせて拡充されていった。第１期、配付税方式による調整（昭和 22~24 年度）、納付金制度の採用（昭和 25~27 年度）、平衡交付金制度と納付金制度の併用による調整（昭和 28~39 年度）、財政調整の法定化（昭和 40~ 現在）と説明されている。詳しくは東京都財政史研究会『東京都財政史（下巻）』270 ～ 274、766~769 頁参照。

(7) 2016 年度東京特別区基準財政需要額２兆 660 億円、人口 937.5 万人で、１人当り 22 万 374 円となる。大阪特別区基準財政需要額 5,572 億円、人口 268.1 万人で、１人当り 20 万 7,826 円、東京特別区が 1.06 倍だけ高い。

VI　大阪市廃止・分割
　　マイナス効果の総括

特別区財政の将来は貧困連鎖

　大阪市廃止・分割の分析を、総括してみるが、改革効果はほとんどなく、欠陥・損失が目立つ、大阪市なき特別区は、一般都市よりきびしい、大阪府の監督・介入に対応していかなければならない。

　大阪市廃止派の特別区財政収支・改革効果は、いずれもきわめて杜撰な推計である。たとえば改革効果（**表18**参照）2,095億円をみても、特別区財政収支（**表19**参照）の累積黒字826億円と算出されいるが、人件費抑制効果が大きく、制度改革効果ではない。

　これらの財政推計・分析の数値は、政策科学的には特別区と無関係であるにもかかわらず恣意的に効果として仕立てあげられた産物である。大阪市・特別区財政の改革評価も混乱しており、施策と分析をふまえた、最終的結論をまとめてみる。

　第1の課題として、大阪市・特別区財政の貧困性をみてみる。第1に、2002〜2018年度の大阪市歳入推移（**表1**参照）をみると、一般財源は市税収入の伸びで700億円ふえ、特定財源は国庫支出金が1,500億円ふえたが、市債収入が1,500億円減収となったので、全体としては微減である。

　しかし、性質別歳出（**表3**参照）をみると、人件費・維持費・投資費の抑制によって、財政指標は好転しているが、圧縮財政の弊害は後遺症となって後年度に顕在化してくる。

　ストック財政をみると、市債残高2002年2兆7,162億円から2018年度1兆9,063億円と減少し、積立基金は2002年度524億円から2018年度2,260億円と増加しているが、それでも市債残高が大きい。一般家庭でみれば火の車で、市債償還は8,000億円実施されたが残高は大きい。

　償還のピッチは遅く、その間にコロナとか大学統合とか特別区設置があれば、市債残額が膨張する。また施設更新（5,300億円）の過小計上で、特別区財政への負担繰り延べなど、負担不算入が憂慮される。結論としては基金に対する市債残高は大きく、財政収支の将来はきびしい。

第2に、問題は財政当局の将来推計（**表4**参照）は、2020 〜 2029年度で977億円の赤字であるが、さきにみたように奇妙なことに特別区財政シミュレーションの将来収支（**表19**参照）は、2025 〜 2036年度で累積黒字826億円である。さらに特別区設置の総合効果2,095億円と算出されているが、信じ難い効果である。

　第3に、財政力指数0.93という富裕団体のイメージより、財政収支は悪い。大阪維新の誤算は、24区制を4区制に大統合したが、財源削減効果がみられず、しかも大統合であったので、旧区庁舎では間にあわず、新庁舎建設コスト削減のため、旧大阪市庁舎に北区にくわえて、3区が一部が入居する苦肉の策になった。

　財政調整の財政力格差縮小のための、大統合の4区制が裏目にでたといえる。大阪市廃止派は「誤謬の選択」の連鎖による、複合損失に悩まされている。

　このような財政的不安要素を内蔵したまま、特別区設置となるが、特別区が設置されてしまえば、財政調整財源の枠組み内での財政運営となり、特別区にとっては死活問題であるが、大阪府が責任をもって、財源補填をする責任感はないであろう。

　第4に、大阪市廃止で財源が、節減できたのではない。大阪府は大阪市の主要事業の水道・消防・高等学校が、大阪府化されるが、その運営・維持コストは、区税の法人区民税・固定資産税などを府税化し、さらに大阪府交付税を増加する。大阪府は補填されるシステムで、実質的負担はなく場合によっては、歩留まりが発生する。

　一方、特別区は設置経費は、初期投資だけでなく、将来にわたって慢性的に悪化の要素をはらんでいる。むしろ特別区制で、地方議会・区長も増え、さらに一部事務組合が設置され、行政システムとして、割高の欠陥を内蔵している。

　さらに財政調整補填にあっても、生活福祉教育行政は、基準財政需要などに見込まれない経費が多く、実質的補填からみて不利である。

　第５に、大阪都構想は、特別区だけを取りあげ、財政分析をしているが、大阪市廃止の実質的損失・代替コストなどは、無視されるか、過小算定ですませている。

　特別区設置で区庁舎費がクローズアップされているが、分割区制の行政効率低下という、可視的でないマイナス経費は算入されいない。情報処理・行政委員会・調査研究など分割されるので、水準が低下するだけでなく、管理コストも上昇する。

　さらに政令指定都市大阪市の行財政力と、４特別区の行財政力の落差は無視できない。財政力では自主財源が３分の１と激減し歴然としているが、行政力は事務事業の権限が少なくなる程度と考えているが、実際は特別区行政では、大阪府の許認可行政増加・特別区相互の情報交換・地域基礎行政の細分化などのコスト増加が、日常的継続的に発生する。

　大阪府財政は府区行政一元化の効果を満喫できるが、特別区制は区政の一元化破綻に見舞われ、行政コスト増加となる、欠陥は指摘されていない。

　これらの欠陥を、一部事務組合で治癒するにしても、さまざまのマイナス効果がさけられない。工事発注・物品購入・人事異動・情報処理でも完全統合化はできない。

　教員人事でも採用はともかく、人事異動は市域を４分割したので、職員サイドからみると、窮屈な配置となる。保健所機能も専門機能低下は免れない。これらの欠点をどう克服するか、重大な課題である。

　第６に、大都市行政・地域行政の分割・分離である。交通は民営化・水道は府営化、住民市民税は特別区税、固定資産税は府税、消防・病院は大阪府、保健・福祉は特別区、地域行政の総合化からみて、支離滅裂な状況で対応できない。広域行政は個別対応は、可能であっても、生活行政は総合力の問題である。

　大阪市廃止・分割効果がないだけでなく、マイナス効果の弊害が大きい。おおくの大阪市民は、大阪都構想のイメージ効果に眩惑され、気付いていない。政党・大阪維新がめざすのは、府集権主義による大阪市つぶしだけ

ではないか。穿った見方をすれば、大阪市の財産の収奪（債権債務差引額約2.5兆円）だけでなく、経営ノウハウ・専門技術の収奪である。

しかもこれら資産・蓄積は、大阪市民に還元される保証はない、大阪市以外に散布されれば、大阪市民は泣き面に蜂となる。

第7に、広域大阪府誕生のとばっちりで、誕生する特別区は、欠陥制度の落とし子で、行財政的に虚弱児で、将来にわたって自治体として成熟できないのではないか。それだけでなく分割特別区は、連携必要性と独自性不足に悩まされることになる。

たとえば南海大地震で、沿岸部の淀川・中央区が被害をうけても、北区・中央区がどれだけ災害救助に支援してくれるか、大阪市時代のように統合力で、全面支援というわけにはいかない。大阪都構想のいう効果を洗いなおして、大阪市廃止・分割の暴挙を、阻止しなければならない。

広域行政・府市一元化効果への疑問

第2の課題として、広域行政・府市一元化行政の限界をみてみる。広域大阪府政は、上位団体として、専門・調整機能を活用した、広域・府市行政の一体化効果を強調しているが、その実効性は乏しく、行財政成果はみられない。

かっての大阪府市は、連携が不十分であったが、現在は知事と市長、各部局間で協議・連携している。結果として広域一元化の成果があがっていると自賛している。[1]

しかし、大阪経済・生活の向上は、府市・府区が仲良しクラブであってはならない。相互に政策競争をする、自主性独自性をもった、自治体でなければ成果もあがらない。

府市行政一元化という主張は、美辞麗句でかざられているが、府県集権主義の主張に過ぎない。この論理は中央集権主義による、国・府県の関係におきなおしても、通用する論理で、大阪府は納得できないであろう。

たとえば近畿圏を道州制にするが、大阪府は中心地区であるので、大阪

府を廃止し、大阪市を復活させ、道州制庁直轄の市町村制とするという制度改革に、大阪府は解体に同意できるであろうか。

　さらに大学統合で国立大阪大学と大阪府市立大学を合併する、大阪府とおなじ論理である。大規模化・広域化が如何に、地元自治体を破滅させる理念であるかがわかる。

　第1の論点として、広域行政効果をみると、二重行政・特別区合区効果と同様で、行政実績はなく、曖昧模糊としたイメージ効果だけである。法定協議会報告書は、府市開発施策が不一致であったが、その責任を大阪市に転嫁し、大阪市の独善的都市開発と非難しているが、大都市が都心再開発事業を、するのは当然である。

　第1に、開発行政を府に広域行政として一元化することは、府県は市町村の補完団体であるという機能を逸脱している。国・府県・市町村は公共団体として、特性と分担があり、それぞれが分担して責務を尽くすことで、最高の結果がえられるのである。

　たとえば防災事業でも、広域河川は国、府県内河川は府県、市町村内河川は市町村が分担しており、それを国または府県に一元化することは、無謀な集権主義である。

　第2に、広域行政論が提唱する、広域行政効果は、行政実態からみて適用分野は狭いだけでなく、府県ベースの広域行政は名称だけで、実態は府県行政に過ぎなく、広域行政は府県区域をこえた事業となっている。

　実際、港湾行政の現況は先にみた阪神国際港湾株式会社が、広域行政を担っており、府広域行政が理念産物に過ぎないことを実証している。さらにより本格的広域行政事業として、近畿2府4県168市町村と港湾管理者（大阪府・市、兵庫県、神戸市）が共同出資して、廃棄物の海面埋立事業を実施する、大阪湾広域臨海環境整備センター・大阪湾フェニックス事業（1982年設立）がある。

　いまや広域行政といっても、府県・都市連合の時代で、府県域内の広域行政なるものは、府県単独で対応できるのではないか。[2] もっとも同一府

県内での広域事業としては戦前からの阪神水道企業庁があるが、都市連合方式である。

　第3に、広域機能一元化による効果を提唱しているが、そのためどうして大阪市廃止が必要なのか、説得性のある、論証はあげられていない。大阪市廃止・分割という、大阪都構想をかかげだしたのは、橋下徹氏が府知事として、広域行政の一環として行政展開する過程で、府集権主義による徹底的遂行を狙ったからで、広域行政効果も曖昧で、具体的立証はない。

　まず広域行政の必要性があるのか、関空の連絡道路を府道路事業で整備するのが考えられるが、本来の府政の役割である。万博・ＩＲも大阪府がすればすむ問題で、関係自治体が協力するが、広域行政とはいえない。大阪市水道を大阪府営にして、そのまま運営することは、広域行政でなく、単なる府営水道への事業形態の転換に過ぎない。

　むしろ広域水道となれば、大阪市水道の利益を、府下水道の赤字補填に流用される恐れもあり、経営実績のない府営の方が不安である。広域行政効果とは蜃気楼のようなもので実態はない。

　このような実益のない施策・事業への市税は拠出できないが、制度改革の名のもとに実施されようとしている。(3)

　第4に、広域大阪府が唱える広域行政は、大阪市から事業・権限・財源を吸い上げて、実施するだけの広域行政で、具体的プロジェクトがあるわけでない。

　現実のうごきをみると、近畿圏を対象とする広域行政が、港湾・水道などでは、広域連合法人としてすでに展開されている。広域大阪府に求められるのは、近畿圏の盟主としての広域行政である。

　しかし、この点について、従来から大阪府の地域エゴ主義のため、近畿圏の自治体の足並みはそろっていない。コロナ対応策でも、京都・兵庫との事前交渉もなく、大阪府が独走し、両府県の心象を害してしまった。

　第5に、大阪市廃止をしても、財政改革効果もない。大阪市が担っていた機能が、大阪府・特別区に分割継承されるだけである。一般会計の多くは、

特別区が承継するが、分割法人の欠陥がある。

　大阪府は広域行政の名目で、準公営企業・公営企業をはじめ、多くの都市経営的事業を大阪府が分担する。しかし、中間・管理・広域団体である、大阪府の経営・行政能力に疑問がある。

　広域行政の余地はない。水道にしても大阪府広域水道は実現していないし、大阪市だけでなく、府下市町村も反対で、当分は実現しそうもない。高等学校の統合にいたっては、広域行政になじめないし、単なる施設運営の統合に過ぎない。

　今後、府広域行政のため、旧大阪市の同意が必要となっても、4区の合意がえられるか、大阪市1市より厄介である。広域行政の効果がないのに、広域行政に大阪府がしがみつくのは、府集権主義以外の何者でもなく、大阪府がテーマとしてかかげたが、実効性のない施策のため、大阪市の事業・財源を大阪府に献上しなければならないのか。

　第6に、広域行政一元化といっても、大阪府の行政区域は、全国最低ランクで極めて小さい。実質的な広域行政は、近畿圏全体の道州制でなければできない。しかし、近畿圏は従来から近畿は1つでなく、1つ1つであるといわれてきた。

　さらに近畿圏全体の広域行政は、政府出先機関が分担している。広域観光行政といっても、各府県の個別対策が、より実効性があり、宣伝活動ぐらいである。さきにみたように港湾行政も同様である。

　第7に、大阪府市行政一元化といっても、実績は信用組合・研究所の統合程度で、それも地域ニーズからみれば、特別区生活行政の阻害となっている。現実の動きをみても、問題は多い。

　たとえば病院・大学の統合で、事務職員の削減が見込まれているが、大規模による管理コスト膨張など、増加要素で相殺され、あくまで仮想の効果に過ぎない。

　大学統合にしても、大阪府立・市立大学のいずれかが、廃止されるのではない。最近の動きをみると、巨費投入による事業化は、統合の政治効果

を誇示しする意向が強い。しかも事業効果・優先順位の問題がある。

国・府県・市町村の対立は当然

　第2の論点として、府市一元化行政の限界をみてみる。広域行政が駄目であるなら、大阪府市行政の一元化である。要するに府・市協調である。

　大阪府のコロナ対策が、東京都に比して実績をあげているのも、府市一元化の成果と、松井市長は強調している。しかし、一過性の行政人気と制度のシステムを、安易に連結さすのは問題である。

　第1に、府市行政一元化が、大阪市廃止・分割効果としてクローズアップされ、コロナ対策で吉村知事の評価が急上昇しているが、テレビのコメンテータは、コロナと大阪市廃止は、わけて判断すべきと、冷静な対応がみられる。

　しかし、おなじコンメンテータでも、危機対応における吉村知事の行政手腕を評価し、賛成を表明している。しかし、コメンテータの大半は、大阪市廃止・分割のメリット・デメリットもわかっていない。

　しかも府市一元化のトップダウン行政は、迅速であるけれども、現場の混乱・周辺知事との亀裂・施策の頻繁な変更などの、後遺症は深刻である。大阪市の損失も大きく、市民の不満もふくらんでいったが無視された。[4]

　第2に、大阪府のコロナ行政は、たしかに大阪府は政府と対立してでも情報開示し、地域性を発揮したが、東京都はコロナ対策に失敗したかの感があるが、都市濃密度・流動性が格段に高く、コロナ抑制は困難である点を配慮しなければならない。

　もっとも府市一元化・協調性を評価するが、本来の行政は、国・地方、府県・市町村、首長・議会の意見が対立し、政策論議をへて選択をするのが、最適選択への常道である。

　実際、他府県では保健所を所管する県庁所在都市と、県が対立している。対立が良いとはいわないが、府県・市町村は、行政は共同して実施するが、異なる団体として行財政利害は異なるので、府市利害一致が当然とする先

入観は間違っている。

　この度の全国民一律 10 万円給付でも、政府のまずい支給システムのため、市町村の窓口は塗炭の苦しみをなめているが、上位団体の施策・戦略のミスによる、下位団体の大きな苦痛と損失を、国・府県・市町村協調で、うやむやにはできないであろう。

　第 3 に、府市行政一元化効果といっても、基礎自治体の生活市政までが、円滑にいくものでない。たとえば生活支援金 10 万円の支給状況をみると、2020 年 6 月 13~16 日調査では、大阪市 3.1％、神戸市 68％、京都市 37.8％で、大阪市が人口が多いからといえるが、横浜市 12.1％である。大阪府市一元化ですべての行政がよくなるのではない。(5)

　複眼的に大阪府市政をみると、肝心の大阪市政は、松井市長のトップダウン方式で、マスコミうけをしたが、行政実績は疑問符がつく、医療機関への雨がっぱ支給を市民によびかけたが、余った分は市庁舎玄関に積まれたままになっている。(6)

　第 4 に、行政一元化だけが、重要課題でない。むしろ生活行政こそ重要で、しかも対応策は困難である。

　生活保護審査の迅速化・適正化、行方不明認知症者の保護、放置老朽化マンション・一般住宅対策、不登校・いじめ対応策、ホームレス問題など山積しており、国庫補助・交付税にも反映されない、行政需要であるが、市民にとって切実な問題である。

　大阪市廃止・分割のメリットは、大阪府の拡充をもたらすが、デメリットは特別区の脆弱化ですまず、大阪市廃止による、大阪市民の利益擁護機能の低下にある。ＥＵからの離脱と同様に、難解な問題を避けずに調査し考えて判断しなければならない。

広域大阪府による経済戦略の虚像

　第 3 の課題として、大阪都構想がかかげる、広域化・統合化・一元化による経済振興策の非実効性をみてみる。広域・統合化を提唱しながら、肝

心の大阪市廃止は、大阪経済の求心力・遠心力を衰退させ、首都圏はもちろん、中京圏との経済競争に敗北するであろう。

第1の論点として、大阪市廃止構想による大阪経済振興策をみてみる。広域経済振興策は広域行政一元化と同様の発想であるが、大阪市廃止・分割の視点から、法定協議会の報告書を政策評価してみる。(7)

第1に、法定協議会の報告書をみると、大阪府・市の不一致が、ことさらに大阪経済衰退の原因として指摘されている。従来の大阪における広域行政は、「かって『府市あわせ』と揶揄されるような、大阪府と大阪市の連携不足等が発生」(8) していたが、「現在は知事と市長の方針が一致することで連携を強化し、都市機能の充実に向けた取組みを推進」(9) していると、自画自賛している。

要するに「都市の集積が大阪市を中心にほぼ大阪府域全域、さらには京阪神に広がっている中で、『大阪市は市域内』『大阪府は市域外』という役割分担が固定化」していた。

そのため「大阪トータルの視点に立った都市経営ができず、二重行政が発生・あわせて、市長は270万人の住民自治も担当」(10) と、大阪市政の欠陥を指摘している。

要するに経済振興失敗の責任をすべて大阪市の存在ときめつけ、大阪府の開発事業のミスは棚あげし、大都市制度にすりかえている、無責任な改革論といえる。

第2に、組織体制としては、大阪市廃止で大阪府を司令塔にした、府主導の経済振興策の推進である。当然、広域行政一元化・二重行政解消がすすむとみなしている。

大阪府を中心に「国・広域連合」「特別区・市町村」「民間企業・大学」「大阪市産業局」「大阪観光局」「大阪産業技術研究所」「病院機構」「公立大学法人大阪」「大阪健康安全基盤研究所」などの機関・団体を活用し、「知事のトップマネジメント」で「各分野の司令塔として推進」し「政策立案機能の強化」を図っていく構図である。まさに府集権主義のモデルである。(11)

　第３に、「大阪の成長戦略」として、「統一的な戦略のもとでスピード感が向上、ソフト・ハード両面から強力に施策を展開」「企業ニーズや社会情勢に即応した効果的な都市政策の展開が可能」「都市インフラや産業、大学、観光など大阪が有する資源をフル活用」などである。(12)

　第４に、広域機能一元化による経済振興策の方針について、「日本の成長エンジンとして持続的に成長」「東西二極の一極にふさわしい広域交通網を整備」する。より具体的には「産業振興の政策一元化」「広域インフラの整備・活用促進」「観光集客促進の一元化」「雇用創出・人材育成の促進」としている。(13)

　第５に、広域一元化策の成果として、経済振興策としては、「都市拠点の形成」をあげている。「『ベイエリア』『うめきた』をはじめ大阪の顔となる都市拠点をソフト・ハード一体的に整備し、圏域全体の都市機能向上」を図っていくことである。(14) 具体的イメージ（図２参照）としては、医療・観光・教育といった特定産業の拠点でなく、産業施策の類型化である。

　このような大阪府知事を司令塔とする開発戦略で、大阪府の全経済資源を動員して、地域経済の振興を促進する処方箋は、華麗ともいえる図式である。

　しかし、大阪市を廃止し、大阪市が失敗した開発プロジェクトを、大阪府がやれば成功する保証はどこにもない。むしろ府県集権主義で強権を獲

図2　都市拠点の形成（イメージ）

ソフト・ハード一体的に整備し，圏域全体の都市拠点整備を促進			
都市計画 夢洲・咲洲 うめきた 中 之 島 彩都・健都等	広域交通政策 なにわ筋線 ベイエリアの アクセス 港湾整備等	新産業の創出 健 康・医 療 ライフサイエンス 環　　　境 新エネルギー等	集客・観光振興 ＭＩＣＥ・ＩＲ にぎわい形成 集客・宿泊建設 の誘致等

資料　第 31 回法定協議会（2019 年 12 月 20 日）資料１・組織　21 頁。

得した府政が、暴走する危険性が高まるだけである。

　大阪地下鉄を府域全域に延伸すれば、府民は歓迎し、府知事の名声は高まるが、地下鉄経営は赤字となり、生活行政へしわ寄せがいくであろう。地域振興は制度の問題ではなく、首長の資質の問題であり、政策ビジョン・事業戦略の選択の問題である。

　現在の地域振興は、行政が命令し、公共投資や資金提供で公共ベースの財政支出でなく、新産業をどう創業していくか、情報・技術が戦略要素であり、そのための官民学の連携というソフトが核心を握っている。

　高度成長期と異なり、地域振興策の選択肢が多様化・ソフト化しており、公共投資先導型とか、自治体ビジョン主導型は主流でなくなっている。自治体に求められるのは、地域再生戦略の的確性、地域連携システムの形成、情報技術の共有化など、官民の創造的施策の活用である。

　地方創生策の自然エネルギー推進による経済・財政の強化、都市開発における都市景観・文化遺産による求心力涵養などである。大都市にあっても外部依存型開発より内発的開発による新企業・事業の創造が求められるのである。

時代遅れの公共投資戦略

　第２の論点として、広域行政の一貫として、公共投資の効果をみてみる。第１に、嘉悦大学付属経営研究所の報告書は、広域行政で公共投資などの効率化効果が強調されている。大阪経済の低迷の原因として、制度的要因（大都市制度）→都市経営（政策）の失敗（＝社会資本の質量の不足）→大阪経済の低迷と結論している。

　その原因として、東京都との比較で「社会資本設備の遅れ」で、「府市連携や大都市制度改革が求められる」としている。[15]

　そして報告書は「大阪の社会資本の限界生産力は、東京の約半分であり、・・・その要因については、・・・・社会資本整備を大阪府と大阪市の協議で進めてきたことや大きすぎる基礎自治体も要因の一つとなって、限

界生産力に違いが出てきた」[16]とみなしている。

　したがって府市合体の都制では、生産性も向上するとしている。「政策的には社会資本整備の質、量がともに東京都に後れをとったことが、長期的な低迷を招く要因になったと考えられる。逆に、大都市制度改革によって、社会資本整備の質を改善し、量を増加させることができれば、強い経済を取り戻すことができる」[17]と結論づけている。

　第2に、限界生産力が低いのは、産業構造の相違とか、本社・高所得者層の比率の落差で、社会資本整備と生産所得・生産額創出率の差に過ぎない。

　もっとも大阪の企業投資が高付加価値部門への投入がすくない点が影響しているが、社会資本投資の非効率の要因とはならない。これは農村地域における社会資本の投資効果は低いのと同じ現象である。

　大阪経済の低迷は、大阪府の公共投資不足より、中央集権による首都経済の集積メカニズムの企業集積力の格差である。この報告書の推論は、大阪都構想の主張を裏付けるため、先に結論ありきの推論である。地域経済振興策は公共投資でなく、新産業創出であり、ソフトの施策である。

　第3に、これからの地域経済振興は、広域行政で公共投資を主導する戦略時代ではなくなった。観光開発でも都市の景観、地域の特産物の魅力醸成の時代である。外部依存でなく内発的開発が主流となるべきである。[18]

　観光行政をみても、道頓堀のふぐ料理専門店・づぼら屋廃業で、違法広告物 "ふぐ吊り看板" をどう維持するか、大阪市は頭をなやませている。「グリコの電飾看板」とともに、道頓堀景観を形成するポイントとなる展示物である。

　要するに広域行政とか公共投資とかより、地道な施策が主流で、広域行政のため行政エネルギーを消耗するのは、「誤謬の選択」である。

　強いて公共投資による広域行政を展開するならば、藤井教授が提唱する新幹線整備による「大大阪」都市圏構想であろう。大阪市が折角、都心整備をしても、広域的な交通網整備が行われていない。

　この点、東京は首都東京の集積メカニズムで、東京都は何ら行政努力も

なしに、広域新幹線網が整備されている。⁽¹⁹⁾

　新型コロナ対応策をみると、集権主義による政策・施策の曖昧さの弊害がみられ、現場サイドから分権主義からの修正が不可欠である。経済成長を図っていくにしても、その前提条件として医療行政の貧困が浮き彫りにされる。唾液による無症状の感染者の発見、PCR 検査（遺伝子検査）、さらに隔離施設の拡充、専門病院の確保などがおくれている。

　休業補償などは、結局、感染者の隔離がすすめば自然と回復し、余分の補償費を削減できる。さらに政府の政策形成能力の劣化がみられる。10万円一律支給（約 12 兆円）は貧困世帯への 30 万円支給（約 4 兆円）より3 倍であるが、経済回復効果は大差はないのではないか。

　マスク配分にいたっては全く効果がなかった。一方にあって、コロナ医療機関への営業補填などの措置は、きわめて不十分である。

　要するに地域振興といっても、経済投資と生活環境行政との施策選択の問題である。広域大阪府政が形成されても、卓抜した首長が就任しなければ、施策成功の保証はない。

　しかも地域振興の主流が、地域的内発的開発となると、基礎的自治体の役割は大きく、大阪市の存在がクローズアップされるのである。

　しかも今日、求められるのは生活施策の重要性である。経済振興のための広域行政が提唱されているが、その反動で、生活行政はきびしい対応となっている。特別区財政シミュレーションをみても、民生費・扶助費の膨張はみられるが、衛生・医療費は重視されていない。

　全体的に減量経営で、「小さな政府」での人件費抑制、民間委託・民営化、大規模化・集約化といった方向である。

　そのため自治体の生活行政における " 公共性 " は低下し、福祉・医療・教育といった分野における、災害対応・医療水準・人材育成などの、経済成長の基盤が脆弱化し、経済成長を阻む要因が脹らみつつある。

　産学官連携による技術開発などが提唱されているが、実効性からは民間主導で自治体は官学産の連絡調整・システム設計・ネットワーク化などに

徹するべきで、府県が司令塔となって、地域社会に号令し君臨する時代でない。原発より地域自然エネルギー開発、大量生産より高品質の地域製品（農産物をふくむ）である。

　グローバル経済化は必要であるが、東京はともかく、その他の大都市圏で背伸びして追及すべき課題でない。まず地域経済の技術化・情報化・環境化・生活化に対応した、地域経済の高度化が先決課題である。

公選特別区長制の欠陥と限界

　第4の課題として、大阪特別区の実質的行財政能力の欠陥をみてみる。法定協議会の報告書は、大阪市・行政区の行政を住民サービスの変動に対応できない、大規模制度として廃止されるべきと、欠陥制度とみなしているが、広域大阪府・自治体特別区体制が、住民サービスに対応した行財政システムといえるか疑問である。

　第1の論点として、特別区の行政効果・意義を、法定協議会の報告書をみてみると、大阪市制の欠陥と特別区制の効果が対照的にとらえられている。[20] しかし、事実は逆ではないか、大阪市なき特別区は、権限・財源なき状況で、しかも大阪府の行財政統制のもとで拘束をうけて、自主的区政を展開する余地はきわめて乏しい。

　第1に、特別区の現状として、大阪市は基礎的団体として大きく、分割して特別区を設置することは、「住民意思を行政に的確に反映していくため」である。現在の市制では「大半の施策、予算配分の優先順位付けなどは市長が決定（市域全体・270万人の大阪市民）を見渡した市政運営」[21] である。

　そのため「現在の区長は、地域内の基礎自治に関する施策や事業の一部について判断（決定）」[22] するだけある。したがって「"ニア・イズ・ベター"のさらなる徹底のための改革が必要」といわれている。[23]

　特別区設置となれば、「特別区長が地域の実情や地味ニーズに応じて、区内の施策全般をきめ細かくスピーディに決定・展開」[24] していける。

それは「市長と同じ首長である特別区区長自らが、予算編成、条例提案の権限を行使」[25] できるからである。

特別区設置の効果として、「現在より人口規模が小さい基礎自治体が設置され、各特別区に、教育委員会や児童相談所、保健所などが設置され、中核市並みの事務を担うことで、専門的か包ばサービスの提供が可能」となるといわれている。[26]

しかし、4分割された区政は地域密着性は増進されるが、行政執行力の専門・総合・機能性は劣ることになる。

決定的欠陥は権限・財源なき区政では、職員・財源不足で地域行政もできず、国・府の委任事務処理機関に成り下がってしまうことである。

要するに、行政組織を分割すれば、住民サイドの最適行政ができるというものでない。生活圏との合致が条件といえる。このような市民参加の行政は、情報公開とか住民投票とかのシステムの創設・運営である。[27]

特別区の外部環境への抵抗力

第2の論点として、特別区の権限・財源なき行財政能力をみると、特別区が将来おこる外部環境の変化に耐えられるか、憂慮されるのである。

実際、財政破綻の原因（**表24** 参照）は、おおくの要因があげられ、当該自治体の放漫経営が原因もあるが、むしろ放漫財政へと誘導した、制度・施策の原因は見逃すことはできない。

創設される特別区行財政システムは、手抜き工事による木造住宅のような外部の変動にもろい構造となっている。東京特別区は大阪特別区との比較では積立金基金・地方債残高に比率は、34.42 倍である。

要するに東京特別区は大阪特別区の財政力の約 1.5 倍で、コロナ対策でも感染小学校の全児童ＰＣＲ検査実施など積極的対応を実施しているが、大阪特別区では、日常行政費だけで、その重責にたえられるだけの耐震・耐火構造ではない。

独自施策をするにしても、特別区税は既存行政に充当しており、財政調

整財源は大阪府に決定権があり、特別区施策の空転・遅滞はさけられない。外部変動への抵抗力は弱く、財政予測不可能な外部変動要素に対応できないのではないか。

　科学的合理的予測は困難であるだけでなく、メリット・デメリットを、算出する複眼的視点が欠落している。大阪特別区の外部環境変動に対する抵抗力・対応地方力をみてみる。

　第1の経済原因は、経済不況・基幹産業撤去など、さまざまであるが、緩慢な人口減少も経済原因である。また本社機能・工場研究所の東京流出などである。さらに産業・社会構造の変動による企業衰退である。

　対応策は結局、新産業・新技術の創出で、広域大阪府レベルより、より地域性のある、産学・官民連携による新企業創出である。自治体ができるのは、大企業より中小企業の育成であろう。

　第2に、制度的原因は意外として多い。平成の大合併でも、役場廃止で中心地が経済・権限・財源集中で、周辺町村は疲弊した事例がみられ、反対に合併せず独立して生き残った町村もすくなくない。

　直接的税制改正による減収は、東京特別区の場合では、「『地方創生』と『税源偏在是正』の名のもと、地方法人課税の一部国税化や地方消費税の清算基準の見直し、ふるさと納税等の不合理な税制改正により、特別区の貴重な税源が一方的に奪われている」[(28)]と、2018年度2,306億円損失となっている。政府の身勝手な措置を非難している。

　第3に、社会的原因は災害・病疫など枚挙にいとまがないほど多い。新型コロナが典型的であるが、災害をふくめて自治体は抵抗力を強めておくことであるが、それには強固な行財政力が前提条件となる。

　特別区が災害にあっても、大阪府が大阪市なみの支援ができるか疑問であり、分割された特別区が一致協力できるかも難問である。阪神・東日本大震災をみても、大防波堤とか高速道路の再建だけでは、地域経済・生活の復興がされない。市町村がカギをにぎっている。結局、マクロの府県行政・ミクロの市町村行政の共同作業で、実効性のある施策ができるのである。

第4に、経営的原因は、自治体では非効率経営とか過剰公共投資がみれるが、北海道夕張市が代表的であるが、小さな都市に産炭地消滅の地域復興の責任をかぶせた、政府・北海道の責任は無視できない。

　ふるさと納税で異名をはせた泉佐野市は、広域行政による関西臨空タウン開発の余波による財政危機の赤字を、ふるさと納税で穴埋めするため暴走したのであり、結局、基礎自治体の自力再建であった。府県は広域行政が失敗しても、赤字の市町村までは、救済してくれない。

　大阪市廃止・分割は、これら4つの原因が全部存在する、リスキーな施策選択である。脆弱な特別区が耐えられるかである。

表24　地方財政破綻原因の類型

原因区分	説　　　　　　　　明
経済的要因	地域社会の変動（人口急増・急減・高齢化），地域経済の変動（地場産業の衰退・立地企業の撤退・大規模工場の進出・金融危機・高度成長・景気衰退）
制度的要因	地方行政改正（市町村合併・地方税配分改正・交付税交付金率改正・補助率改正），財政特例措置廃止（財政支援廃止・地方債認可廃止）
社会的要因	自然災害（台風・水害・地震・大火災），人為的災害（公害・伝染病・社会暴動・戦争）
経営的要因	無謀経営戦略（公共デベロッパーの過剰投資・工場誘致施策の失敗），財政肥大化（人件費膨張・箱物行政の負担・財政改革の遅延・自治体ガバナンスの欠如）

資料　高寄・前掲『地方財政健全化法で財政破綻は阻止できるか』12頁参照。

特別区施策と災害対応能力

　大阪市廃止・特別区再編成による制度的要因による、財政運営破綻の懸念材料をみる。法定協議会・財政当局の財政予測が、特別区財政へのプラス効果を誇張し、過大に見込んでいたが、逆マイナス損失効果の方が大きい。

　住民投票で大阪市廃止が決定されても、特別区設置は2025年度で、それまで大阪市財政がどうなっているか、焦点は財政調整基金・市債残高のストック残高である。

　第3の論点として、財政破綻の典型的原因への対応をみると、第1の社会的要因として災害をみてみる。第1に、自然災害をみると、近年の大都市災害としては、阪神大震災（1995年）における神戸市がある。全会計復興事業2.887兆円、国庫支出金0.925兆円、県支出金0.069兆円、交付税0.310兆円で、自己負担1.587兆円、負担率55.0％となり、市税の6.35年分となっている。災害に直面しても、積立金などに資金があれば、なんとか財政危機はしのぐことができる。[29]

　第2に、災害は自治体財政に甚大な被害をもたらすが、社会災害としてのコロナウイルスの被害も同様である。大阪市は事業型公共施設がおおく、産業構造が中小企業がおおく、被害は深刻ではないか。特別区だけでなく大阪府の財政も悪化しており、特別区財政の面倒をみきれないであろう。大阪市のコロナ対応をみると、2020年度5月までに3回補正予算を編成している。総額3,078億円であるが、財源内訳は国庫支出金2,873億円、府支出金7億円、一般財源199億円である。一般財源負担がすくないのは、特別定額給付金2,773億円が、全額国庫負担金であるからである。一般財源負担は財政調整基金取崩等により対応するので、財政収支の圧迫はない。今後もふくらむが、地方創生臨時交付金でどれだけ補填されるかである。

　しかし、自治体単独施策の場合、財政負担はきびしい。約1兆円のコロナ対策費を東京都は、単独施策で実施した、中小企業融資5,600億円、休業協力金（東京都感染拡大防止協力金）1,890億円などであり、融資が半分で正味5,000億円として膨大な負担である。

　東京都は2019年度9,345億円あった基金で対応したので、現在では493億円に激減している。2011年4,000億円であった基金を10年間、営々として積み増ししてきたが、一瞬にして消滅した感じである。

　もっとも東京都歳入は2020年度当初予算7兆3,540億円、都税5兆4,446億円（74.0％）、都債2,059億円（2.8％）と健全財政であるが、都税も1割程度減収となると、財政は一気に逼迫する。2018年度大阪府税1兆2,778億円（49.5％）、府債2,616億円（10.1％）である。

生活行政の経済・財政効果

　第2の原因として、財政破綻原因の大半は、外部要因で避けられないが、対応策は自治体経営の対応力である。第1に、政府・自治体など公共セクターにあって、常に求められるは施策選択・形成・実施能力である。コロナ対策でもまず検査体制の拡充・実施であり、医療機関の体制整備・支援金拡充であり、感染者対策の促進による"安心の創出"である。

　これらの措置によって，経済・消費活動も回復していく、そしてコロナ対策の公費支出は、公共投資乗数効果より大きく、有効な景気刺激対策である。

　生活・営業補償などは、対象を絞り込んで給付すべきで、そのため政府は一定の給付基準は示し、包括補助金方式にし、自治体の裁量にまかすのが、実効性を確保するにはどうしても必要である。[30]

　第2に、財政運営能力、すなわち都市経営能力の問題である。不測の事態にそなえて、積立金などの対応能力を強化しておくことである。特別区の行財政能力をみると、特別区設置以後、行政力学からみて、政府・大阪府からの費用転嫁への抵抗力は弱い。

　さらに行財政運営能力の事務事業配分からみて、都市経営能力の低下、いいかえれば複合経営が採用できなく、経営手腕の発揮余地も小さい。

　第3に、社会要素としての少子高齢化による、民生費膨張の財政圧迫は、確実である。人口増加低迷による税収鈍化は、扶助費だけでなく、人件費による財政圧迫要素がつまる。職員による一般行政処理効率化だけでなく、施策・政策選択の適正化がせまられる。

　従来、自治体は開発事業などの公共投資に重点をおいてきたが、これからは生活投資が主流となるが、政策形成の経験もなく、基礎的自治体として都市自治体の経営能力が試される。政府・府県の役割は、マクロの政策・行財政システムへと、転換がせまられるであろう。

　現在の行財政システムは、それなりに完備された水準にある。ただ運用

にあって、国・府県・市町村が、それぞれの領域を遵守し、行財政政務を果たすことで、利権行為を乱用したり、責務を転嫁したりしないことである。

　コロナ対策をみても、政府の基本方針がさだまらないが、本来、防疫検査機能強化・医療体制拡充を図っていき、そのうえで経済振興を展開するべきである。地域開発でも開発行政優位で生活環境破壊をもたらしたら長期的総合的にみれば、けっして経済も成長しない。

　政府が最適の政策を策定し、実施は地方団体が分担するべきで、政府が外郭団体や民間企業に休業補償のような公共施策の実施を、丸投げするのは問題である。基準だけを示し、府県へ委任事務としてまかすべきである。

　さらに地域の細部の対応が必要なGO・TO・TRAVELは、政府が基本的方針をさだめ、人口割りで補助金を府県に交付し、実施設計をする方式がすぐれている、そして市町村が実施セクターとして対応すべきで、国政選挙でもこのパターンである。

　府県は広域・専門・補完・調整機能を遵守し、市町村の地域総合機能を十分に活用すべきである。政府が能力を過信し、権限を誇示するため、細部にわたる実施要綱をさだめるが、一律10万円支給のように現場で大混乱が発生する。

　行政機関が節度を守らず、自己保存機能を露骨に追及すると、大阪都構想のように都市自治体までま否定し、壊滅させる集権主義の暴挙となる。

注

(1) 過去の状況は「市域内は大阪市、市域外は大阪府という役割分担が固定化」していた。現在は「知事と市長の方針が一致したことで、大阪府と大阪市の協議・連携がすすみ、戦略の一本化や二重行政解消が一定進む」状態になったと自賛している。将来は「広域と基礎が徹底され、広域行政が大阪府に一元化（二重行政が制度的に解消）」される。「司令塔機能が一本化され、責任主体の明確化と共にソフト・ハード一体となった施策展開や広域的資源の最適化等、迅速・強力・効果的展開が可能」となるとしている。第31回大都市制度（特別区設置）協議会（2019年12月26日）資料2－総論6頁参照。

（2）大阪湾広域臨海環境整備センターについては、樋口浩一『自治体間における広域連携の研究』（公人の友社 2019 年）参照。

（3）この点について，「大阪市を廃止し、広域事務を大阪府に一元化し、そのための財源を大阪市から移管するのであれば、確実に大阪の成長が図られるのか、また、移管した財源が適切に使われるのかを市民が判断できるようにするためにも、大阪府において実施する『広域事務』とは何を指すのか明確に規定すべき」（川嶋・前掲「特別区素案の修正案」2 頁）と批判されている。財政調整・目的税交付金でする広域行政は、大阪市民の税金で建設・運営するのである。大阪府税で広域行政をするのは自由であるが、大阪市廃止の交付金で、他都市の再開発事業や工業団地を施行するのはルール違反である。大阪府税のなかには大阪市内法人住民税もあるが、大阪市外でつかっても文句はいえないが、特別区制の交付金まで大阪市外のために使われては、大阪市民は立つ瀬がない。そのため区民税・福祉料金が値上げされる羽目になり、大阪市民に過大な負担をかぶせることになる。大阪市税も大阪府全体のために使用すべきとの社会ムードもあるが、地方自治を全く理解していない。

（4）2020 年 6 月 22 日朝日新聞朝・夕刊。

（5）2020 年 7 月 3 日時点の 10 万円給付の状況は、神戸市 93.0％、大阪市 17.6％、京都市 58.3％、横浜市（2 日）47.0％、名古屋市 29.7％、福岡市 73.3％で、神戸市が極端に高く、大阪市が極端に低い。神戸市がどうして早いかは、阪神大震災の経験もあるが、本庁機能の迅速な対応である。4 月上旬の段階で準備し、封筒の確保・業務委託の決定などの対応が早く、電子申請方式の欠陥から郵送方式への転換を早期に図っていったなどである。災害・イベントなどは、事務事業が一挙に 100 倍以上増大するので、行財政全般に政府・府県の支援、他自治体の応援、民間団体の協力、市民の参加といった、外部機能の活用がきわめて重要となる。府市行政一元化といったレベルとは異なる行財政システムが不可欠となる。2020 年 7 月 5 日・朝日新聞。

（6）コロナ対策は、自治体にとって緊急課題で実践が優先され、トップダウン方式が有効であった。しかし、休業要請の独自基準「大阪モデル」の設定も変更がつづき、対策本部会にもはからなかった。そもそもモデルはそれほど急を要したのか。大阪市立十三市民病院のコロナ専門病院化も、突然の決定であった。コロナ対策の遅れがトップダウン方式となった。対応策をマクロでみれば、保健所の体制強化・検査システムの整備など、最適選択として課題をのこしている。朝日新聞夕刊 2020 年 6 月 22 日、朝日新聞 6 月 23 日朝刊。神戸市の支給実態については、朝日新聞朝刊 7.5。

（7）第 31 回法定協議会資料 2「特別区設置協定書（案）の作成にむけた基本的方向性について」2019 年 12 月 26 日、以下、法定協議会報告書資料 2

（8）〜（10）同前資料 2・総論－ 2 頁。（11）同前組織－ 21 頁参照。（12）同前総論－

4頁参照。（13）同前総論－7頁参照。（14）同前総論－8頁。

（15）嘉悦付属経営経済研究所『大都市制度の経済効果について』（2019年8月）参照。

（16）同前63・64頁。（17）同前52頁。

（18）大阪経済の振興策については、高寄・前掲「大阪市廃止」78～91頁。一般地域経済振興策については、高寄・前掲「都市経営史上」56～67頁参照。

（19）大都市圏における交通網整備について、「東京を中心に東海方面、仙台方面、新潟方面、金沢方面、そして長野方面の街々が皆、共存共栄で発展していき、東京を中心とした巨大都市圏が東日本に形成されていった」（藤井・前掲「日本破壊」189頁）といわれている。一方、大阪市は東海道・山陽新幹線は整備されたが、北陸・四国・山陰との新幹線整備は遅れ、北陸・金沢などは北陸新幹線で東京とのアクセスは大阪より便利になった。「四国や山陰は、大阪の方が圧倒的に近い都市であるのもかかわらず、その大阪よりも東京との結びつきを強めつつある・・・・新幹線で結びつけられていないがゆえに、西日本の巨大都市圏である『大大阪』が形成されず、その結果、その中心の樹木である大阪もまた、大きく育つことができなくなっている」（同前192頁）といわれている。これらの実効性ある、広域行政は府県域をこえた広域行政である。

（20）課題として、「市役所の組織が大規模化し、カバーするサービスも幅広くなるため、個々の住民との距離が遠くなる傾向」がある。そのため「住民に身近なサービスを住民により近い組織において提供することや、住民がより積極的に行政に参画しやすい仕組み」が必要といわれている。前掲・法定協議会報告書・資料2；組織－9～17頁参照。人口70万人のマンモス区が、誰がみても住民から遠い存在でしかない。

（21）～（23）同前総論－11頁。（24）（25）同前総論－13頁。（26）同前総論－10頁。

（27）保健所・教育委員会・児童相談所などの最適規模は、どれほどの人口規模がよいのか。専門的行政能力からは大規模性がすぐれているが、地域密着性・総合サービス機能では小規模がすぐれている。政令指定都市は各区に保健所が設置され、例外があるが人口10～20万人前後である。大阪特別区の人口70万人は、大規模で地域密着性にかけるが、同時に専門機能を補完する市役所本体の機能がなくなり、長所・短所が混在している。今後、規模の欠陥を治癒するには、区立病院・医師会などとの連携が不可欠といえる。

（28）東京特別区長会事務局『特別区財政の現状と課題』（2019年11月）10頁参照。なお減収額の内訳は、消費税10％段階で、「法人住民税法人割の交付税原資化」1,720億円、「地方消費税の清算基準見直し」580億円、「ふるさと納税」431億円、合計2,731億円損失と「法人事業税交付金の創設」425億円増収の差引で2,306億円となる。ふるさと納税については、高寄・前掲「ふるさと納税」44～77頁参照。

（29）一般会計・ベースでは、事業費2兆1,003億円、国庫支出金0,354億円、県支出金

684 億円、市負担 1 兆 4,565 億円となる。指標負担 67.42％となる。交付税補填率が算入されていないが、算入しても自己負担は約 60％と推計されている。これだけの復興事業負担は財政調整基金とかの一般会計の資金では対応できない、1987 年保有してた関西電力株を 4,400 円で 500 万株（保有株式の 6 分の 1）を売却し、220 億円の売却代金を確保したが、しあわの村など、外郭団体の運営安定基金としている。震災復興事業への資金補填に順次、流用していった。高寄昇三『阪神大震災と自治体の対応』（学陽書房 1996 年）、高寄昇三『政府財政支援と被災自治体財政』（公人の友社・2014 年）、関西電力株売却については、高寄昇三『宮崎神戸市政の研究・第 3 巻』（勁草書房 1993 年）305・316 頁参照。

（30） 自治体問題研究所編集部『社会保障の経済効果は公共事業より大きい』（自治体研究社 1998 年）、「羽鳥モーニングショウ・2020 年 6 月 26 日）参照。

参考文献

東京特財政史研究会『東京都財政史（中・下巻）』1969 年 東京都

高寄昇三『明治地方財政史第 6 巻』2006 年 勁草書房

高寄昇三『虚構・大阪都構想への反論』2010 年 公人の友社

橋下徹・堺屋太一『体制維新―大阪都』2011 年 文芸春秋

高寄昇三『大阪市存続・大阪都粉砕の戦略』2011 年 公人の友社

辻山幸宣・岩崎忠『大都市制度と自治の行方』2012 年 公人社

栗原利美著・米倉克良編『東京都区制度の歴史と課題』2012 年 公人の友社

大阪の自治を考える研究会編『大阪市廃止・特別区設置の制度設計案を批判する』2014
年 公人の友社

高寄昇三『昭和地方財政史第 5 巻』2015 年 公人の友社

藤井聡『大阪都構想が日本を破壊する』2015 年 文芸春秋

大阪の自治を考える研究会『大阪市の廃止・分割』2015 年 公人の友社

高寄昇三『「ふるさと納税」「原発・大学誘致」で地方は再生できるか』2018 年 公人の
友社

高寄昇三『近代日本都市経営史上巻』2019 年 公人の友社

高寄昇三『大阪市廃止と生活行政の破綻』2020 年 公人の友社

大阪の自治を考える研究会『大阪都構想ハンドブック』2020 公人の友社

【著者紹介】

高寄　昇三（たかよせ・しょうぞう）

1934年神戸市に生まれる。1959年京都大学法学部卒業。

1960年神戸市役所入庁。

1975年『地方自治の財政学』にて「藤田賞」受賞。

1979年『地方自治の経営』にて「経営科学文献賞」受賞。

1985年神戸市退職。甲南大学教授。

2003年姫路獨協大学教授。2007年退職。

著書・論文

『市民自治と直接民主制』、『地方分権と補助金改革』、『交付税の解体と再編成』、『自治体企業会計導入の戦略』、『自治体人件費の解剖』、『大正地方財政史上・下巻』、『昭和地方財政史第1巻・第2巻・第3巻・第4巻・第5巻』、『政令指定都市がめざすもの』、『大阪都構想と橋下政治の検証』、『虚構・大阪都構想への反論』、『大阪市存続・大阪都粉砕の戦略』、『政府財政支援と被災自治体財政』『自治体財政のムダを洗い出す』『「ふるさと納税」「原発・大学誘致」で地方は再生できるのか』『神戸・近代都市の形成』『近代日本都市経営史上巻』『大都市問題の専門家が問う・大阪市廃止と生活行政の破綻』（以上公人の友社）、『阪神大震災と自治体の対応』、『自治体の行政評価システム』、『地方自治の政策経営』、『自治体の行政評価導入の実際』『自治体財政破綻か再生か』（以上、学陽書房）、『明治地方財政史・Ⅰ～Ⅴ』（勁草書房）、『高齢化社会と地方自治体』（日本評論社）など多数

自治体〈危機〉叢書

「大阪市廃止」悲劇への構図

経済・生活破綻と府集権主義の弊害

2020 年 9 月 15 日　第 1 版第 1 刷発行

　　　著　者　　高寄昇三
　　　発行人　　武内英晴
　　　発行所　　公人の友社
　　　　　　　　〒 112-0002　東京都文京区小石川 5-26-8
　　　　　　　　TEL 03-3811-5701　FAX 03-3811-5795
　　　　　　　　e-mail: info@koujinnotomo.com
　　　　　　　　http://koujinnotomo.com/
　　　印刷所　　モリモト印刷株式会社

ISBN978-4-87555-848-4